简明中国通史

主编
李学勤 郭志坤

殷商

镌刻在甲骨上的史诗

王进锋 著

天地出版社 | TIANDI PRESS

图书在版编目（CIP）数据

镌刻在甲骨上的史诗：殷商 / 王进锋著. — 成都：天地出版社, 2024.6
（简明中国通史 / 李学勤，郭志坤主编）
ISBN 978-7-5455-7840-9

Ⅰ.①镌… Ⅱ.①王… Ⅲ.①中国历史—商周时代—通俗读物 Ⅳ.①K223.09

中国国家版本馆CIP数据核字（2023）第122161号

JUANKE ZAI JIAGU SHANG DE SHISHI: YINSHANG
镌刻在甲骨上的史诗：殷商

出 品 人	陈小雨　杨　政
主　　编	李学勤　郭志坤
著　　者	王进锋
监　　制	陈　德　朱锦川
总 策 划	郭志坤
特约策划	文柏讲堂　申元书院
责任编辑	王业云
责任校对	马志侠
责任印制	王学锋

出版发行	天地出版社
	（成都市锦江区三色路238号　邮政编码：610023）
	（北京市方庄芳群园3区3号　邮政编码：100078）
网　　址	http://www.tiandiph.com
电子邮箱	tianditg@163.com
经　　销	新华文轩出版传媒股份有限公司

印　　刷	北京文昌阁彩色印刷有限责任公司
版　　次	2024年6月第1版
印　　次	2024年6月第1次印刷
开　　本	880mm×1230mm　1/32
印　　张	10.75
字　　数	222千字
定　　价	58.00元
书　　号	ISBN 978-7-5455-7840-9

版权所有◆违者必究
咨询电话：(028) 86361282（总编室）
购书热线：(010) 67693207（营销中心）

如有印装错误，请与本社联系调换

序 一

上海的郭志坤先生是我多年的老友。在十几年前世纪之交的时候，我同郭先生曾经有过一次非常愉快的合作，就是依照他的提议，共同编写了一本通俗讲述中国古代历史的图书，题为《中国古史寻证》，列入上海科技教育出版社《名家与名编——世纪初的对话》丛书出版。当时没有料到这本书印行后博得相当不错的反响，这使郭先生和我都觉得所做的一番努力是值得的。

以这件事为契机，郭志坤先生同我有多次机会谈起历史学的通俗化问题。我们都认为，有必要组织编写一套系统讲说中国历史，将学术界的丰硕成果推广给大众的图书。郭先生精心拟出规划，并很快约请到多位学养深厚的作者，形成老中青结合的团队，投入了撰写的工作，其成果便是现在这套《细讲中国历史丛书》。

《细讲中国历史丛书》从夏商周三代写起，一直到最末的王朝清朝为止，全套共十二册。这套丛书的编写，贯穿了两条原则：就书的阅读对象来说，是"面向大众"；就书的语言风格而言，是"通俗化"。我认为郭志坤先生的这两条原则提得好，也提得及时。

先说"面向大众"。我近些年在不同场合屡次说过,历史虽不能吃,也不能穿,似乎与国计民生渺不相关,实际却是社会大众的一种不可缺少的精神需求。我们每一个人,不管从事什么职业,具有何种身份,都会自然而然地对历史产生一定的兴趣,这或许可以说是人的天性使然吧。一个人活在世界上,不但要认识现在,也必须回顾过去,这就涉及了历史。我从哪里来,又往哪里去,是每个人都会意识到的问题,这也离不开历史。人们不能只想到自己,还要考虑到我们的国家和民族,这就更应该了解历史。社会大众需要历史,历史学者自当"面向大众"。

抗日战争时期,历史学前辈钱穆先生在西南联大讲授"中国通史"课程,所撰讲义(出版后书名《国史大纲》)一开头便标举:"当信任何一国之国民,尤其是自称知识在水平线以上之国民,对其本国已往历史,应该略有所知。否则最多只算一有知识的人,不能算一有知识的国民。"历史学者的工作,不应只限于自身观察历史、探索历史,更有责任把所认识、所了解的历史,原原本本地告诉社会大众,使大家对历史有应有的认识和必要的了解。

特别是在今天,当我们的国家、民族正在走向伟大复兴之际,尤其有必要推动历史学"面向大众"。中国有五千多年的文明历史,我们的先人创造了辉煌而且源远流长的文化,对人类的发展进步做出过丰富卓越的贡献。我们有义务把这样的史实告诉社会大众,增强大家建设祖国、走向世界的凝聚力和自信心,从而为今后人类的发展进步做出更多更新的贡献,这应当成为历史学者的襟怀和抱负。

再谈"通俗化"。"面向大众"与"通俗化"是结合在一起的,要想真正做到"面向大众",历史著作就必须在语言和结构上力求"通俗化"。

说起"通俗化",我联想到我国"二十四史"之首《史记》的作者司马迁。司马迁是学究天人的大学者,是"读万卷书,行万里路"的典范,然而他撰著历史,引经据典,还是在通俗上下了很大功夫。比如他论述唐虞以来古史,自然离不开《尚书》,他本人曾受学于《尚书》博士孔安国,亲得古文《尚书》之学的传授,然而他在引用《尚书》时,对于古奥费解的字词,都采用意义相同的字词来代替,这应该说是在"通俗化"方面的重要创意。另外,司马迁还尽力将史事的叙述情节化,使之活现于读者眼前,无愧于历史家的大手笔。这都是后人需要学习的。

必须说明,"通俗化"并不意味着降低历史学著作的学术水准。相反,编写"通俗化"的历史作品,实际上对作者提出了更高的要求,绝不是轻易就能够做到的。在这里,我还想附带说一句,即使是专供学术界专业阅读的论著,其实也应当(而且也能够)写得简明流畅一些。不少著名的前辈学者,例如胡适、郭沫若、冯友兰等先生,他们的著作不都是这样的吗?

《细讲中国历史丛书》是"面向大众"的,并且在"通俗化"方向上做了很大的努力。郭志坤先生还说过:"通俗,通俗,只有通然后才能俗。"这也很有道理。这十二册书是一个整体，作者们在上下五千年的一个"通"字上花费了不少精力，对于内容的构架和文字作风也下了一番苦功夫，相信这套书的读者都会体认到他们的用心。

李学勤

2014年8月17日

序 二

我和李学勤先生在讨论历史学的通俗普及问题的时候，很自然地回忆起吴晗先生。20世纪50年代末，吴晗以史学界权威和北京市副市长的身份，向学界提出："要求各方面的学者、专家也来写一点通俗文章、通俗读物，把知识普及给民众。"吴晗不仅撰文提倡，向史学界游说，还亲自主编影响很大的《中国历史小丛书》。这段回忆让我们萌发了组织编纂《细讲中国历史丛书》的打算。

当我向李先生提交了编纂方案后，他认为，编纂这样一套书对以史鉴今、以史资政、以史励人是极有意义的事，很值得做。随后，我们又把多年酝酿的编纂构想做了大致的概括：突破以"阶级斗争为纲"和"残酷战争"描写的局限，注重阶层、民族以及国家之间的友好交融和交流的记述；突破"唯帝王将相"和"否帝王将相"两个极端的局限，注重客观反映领袖人物的历史作用以及"厚生""民本"思想的弘扬；突破长期分裂历史的局限，注重阐述统一始终是主流，分裂无论有多严重，最终都会重新走向统一；突破中原文化中心论的局限，注重全面介绍中华文化形成的多元性和影响力；突破历朝官方（修史）

文献的局限，注重正、野史兼用，神话传说等口述历史与文物文献并行；突破单一文字表述的局限，注重图文并茂，以考古文物图表为相关历史表述提供佐证。

《细讲中国历史丛书》的编纂重在创新、面向大众和通俗化。李先生认为这一美好的愿望和构想要付诸实施并非容易的事。他特别强调要组织专业队伍来撰写，并提出"让历史走向民众是史家们义不容辞的责任"。令我欣喜的是，精心撰写这套书的作者团队本身就是教师。他们中有的是学殖精深、卓有建树的史学名家，有的是以"滔滔以言"享誉学界的优秀教育工作者，其中多为年轻的历史学博士。由这样一个团队来担当编写中国历史读物的重任，当得起，也信得过。

我们把编纂的原则性方案统一后，在同作者商议时产生了某些疑虑：一是认为这类图书没有多大的市场；二是认为通俗作品是小儿科，进不了学术专著之殿堂。经过一番调查分析后，我们取得了共识，一致认为：昨天的历史是创造明天的向导，读者从中可以汲取最好的营养，好的历史通俗读物是很有市场的，因为青年读者中普遍存在历史饥饿感。本套丛书的作者深感，编写中国历史通俗读物，历史工作者最有得天独厚的条件和义不容辞的责任。旅外学者得悉我们在编纂这套丛书，认为这是很有价值的，也很及时。美国纽约州立大学历史学博士张德文参加撰写并专门来信期待我们早日推出这套丛书。她在信中说："在知识大众化、数字化的年代，历史学者不应游离在这个历史进程之外。个人电脑以及智能手机的普及，大大促进了人们对微知识的渴求。在此背景下，历史学者的通俗表述为微知识的传播提供了必要的积淀和范本。"行文虽然不长，但一语中的，说清了普及历史知识的重要性。复旦大学历史地理研究中心邹逸麟教授、华东师范大学历史系王家范教授等读了丛书的文稿后还专门撰文评说，认为这既是一套通俗的、面向大众的历史读物，又是一套严谨而富于科学精神的史著，对于广大读者学习和发扬中华民族的爱国传统、学习和发扬中华民族的奋斗精神，推动中华民族复兴的中国梦早日实现很有作用。

这一切，让我们得到莫大的鼓舞。作者在通俗方面做了极大的努力，他们中的不少人在写作中进行了刻苦的再学习。从史实的查证到篇章的构架，再到文字的通俗化以及图片的遴选，都花费了他们大量的时间和心血。丛书采用章节结构的叙史形式，目的在于令读者通过目录就能够对书中的大概内容一目了然。中国历史悠久，史料浩如烟海，读史者历来有"一部二十四史，不知从何读起"之叹，讲史时以"时间为纲"，即可以从纷繁中理出头绪来，再辅之以"专题为目"，这样在史料取舍上就更加突出主题。本丛书注重以故事取胜，以真实的历史故事吸引人，感动人，启迪人。图文并茂也是本丛书通俗化的一途。中国历来重视"右文左图"，以文注图，以图佐文。

通俗而雅，也是这套丛书的一大特色。雅者，正也。通俗不是低俗，亦不是庸俗，它是在科学和学术的基础上展开的。把应该让读者知道的历史现象和历史观念用最浅显明白的方式告诉读者，这就是我们所需要并强调的通俗。本套丛书的学者们在撰写时一是力求语言上的通俗，二是着力于情节中的通俗，继承和发展了太史公司马迁那种"以训诂代经文"的传统，把佶屈聱牙的古文经典用活了。所以说，深入浅出的通俗化工作更是一种学术活动。

为了增加生动性、可读性，作者尽量对某些有意义的人和事加以细讲，如对某些重要的出土文物予以介绍评说，对悬而未解的疑问加以释惑，对后人误传误解的问题予以纠正，对某些典故加以分析，对某些神话传说进行诠释。在图表上尽量做到随文提供佐证。在每册图书之后增加附录，旨在增强学术性和通俗性：附录大事记，旨在让读者对本段时期重大历史事件有个大致了解；附录帝王世系表，意在让读者对本朝创业、守业和虚位之君的传承有所知晓。另外，所列主要参考书目，目的在于为读者提供进一步学习本段历史的相关资料索引。

意愿和努力是如此，最终的结果如何，诚望读者鉴定。

郭志坤

2014年8月19日

目 录

导　言　/ 001

第一章　商代的历程

先商时期　/ 007

早商时期　/ 010

晚商时期　/ 014

第二章　商代的制度

分内服、外服的职官制度　/ 021

商代的军事制度　/ 026

商代的法律制度 / 029

商代的刑罚制度 / 033

商代的教育制度 / 037

商代的选官制度 / 042

第三章　商代官员的仕宦与受到的监督

商代官员的仕宦 / 053

商代官员受到的监督 / 067

第四章　商代的甲骨文

甲骨文的制造过程 / 073

甲骨文的埋藏、破坏和发现 / 083

甲骨文的著录 / 088

甲骨文的分期 / 095

第五章　商代的金文

商代青铜器的发现与类型 / 102

商代金文的分期与著录 / 109

商代金文的形式与一些典型的铭文 / 119

第六章　商代的社会生活

商代的服饰 / 129

商代的饮食 / 134

商代的住所 / 142

商代的交通 / 146

商代的船运能力 / 154

商代的婚姻 / 163

商代的异族婚姻 / 167

第七章　商代的经济

商王朝的财政收入 / 173

商代的商业贸易 / 177

商代的城市 / 180

商代的农业 / 183

商代的畜牧业 / 191

第八章　商代的方国与小臣

方国 / 199

小臣 / 206

第九章　商代的神灵关系

　　帝臣与帝的关系及神灵世界里帝臣的分职　/ 215

　　帝与祖先神以及祖先神内部的关系　/ 219

　　自然神与帝、祖先神的关系　/ 227

　　商代人间世界里的帝臣及其思想史意义　/ 232

第十章　商代的文化以及考古遗迹

　　西北冈王陵区大墓：商代王室墓葬文化　/ 241

　　殷墟妇好墓：商代妇女婚姻文化　/ 246

　　三星堆祭祀坑：商代祭祀面具文化　/ 251

　　藁城台西商代遗址：商代居室文化　/ 257

　　新干商代大墓：商代地域文化　/ 261

　　商代的文化　/ 266

第十一章　商代的医疗

　　商代的疾病种类　/ 271

　　商人对疾病原因的认识与治疗疾病的方法　/ 277

第十二章　殷都屡迁及其他

　　殷都屡迁　/ 285

商纣王身边的大臣 / 288

商代的自然灾害与救灾措施 / 292

第十三章　商代的对外交流

与西北、北部地区以外族群的交往 / 300

与身处今天朝鲜、日本地区族群的交往 / 306

与东南亚的交往 / 310

与西南地区以外族群的交往 / 311

结束语 / 315

主要参考书目 / 317

附录一：商王世系 / 319

附录二：常用甲骨文文献简称 / 321

后　记 / 325

重版后记 / 327

导 言

　　李学勤先生曾经这样高度评价三代文明,他说:"三代是中国古代文明由定型到兴盛的时期,在整个人类文明史上据有重要的地位。三代虽然遥远,就文明的脉络而言又和我们相当切近。"还说:"三代毕竟是中国古代文明的渊源,研究中国传统文化,不能不溯源至此。"(《李学勤讲中国文明》,东方出版社2008年版)这是确实的。说三代文明遥远,那是因为它毕竟离我们的现实生活已有三四千年的历史,三代基本上是站在中华文明的起跑线上;说三代文明切近,那是因为"三代人"所创立的那些伟业、观念、礼仪、制度,至今还活在人们的心中,成为后人不可或缺的精神给养和思想养料。见证于文献和田野考古的某些史实,鲜活而生动,宛如发生在昨天一样。

　　商王朝是继夏王朝而起的"三代"第二朝,在"三代"中是承上启下的一朝。自成汤灭夏,到殷纣覆亡,共传十七世三十王(据《史记·殷本纪》),约八百年时间。从单个王朝来说,它是我国历史上时间很长的一个王朝。从三代的文化定型和文化兴盛视角看,它上承夏文化的精华,下开周文化的新局。

　　近年来,学术界对于历史研究的一个重大成果就是,肯定了三代时期已经形成了华夏范围内的统一局面。李学勤说："有些人主张秦始皇第一次统一中国，这是不够确切的，因为夏、商、西周已经有了统一的局面，秦不过在春秋五霸、战国七雄的并峙分立之后，完成了再统一而已。长期的统一，为中国文化带来了相当普遍的共通性，由中原以至边远，在很大程度上道一风同。"（《李学勤讲中国文明》）在维护天下统一、促成"道一风同"上，殷商王朝是有建树的，也是值得我们大书特书的。

就目前看来，殷商王朝最耀眼的文化成就在于甲骨文。甲骨文是一种相当成熟的文字，是商王及商代王室贵族占卜和记事的文字，主要刻在龟甲和兽骨上。甲骨文字的单字现在已发现有四千五百字左右，出土的甲骨有十万片以上。

可以说，甲骨文是一部刻在龟甲和兽骨上的殷商史诗。《史记·殷本纪》对殷商系谱作了明确的记述，太史公自己说："余以颂次契之事，自成汤以来，采于《书》《诗》。"他采于《书》《诗》的这些材料是否靠得住呢？当时条件下无法证实。现在，殷商人自己的记述为人们提供了铁证。正如考古学前辈李济说的，甲骨文的发现提供的新知识"与两千余年前司马迁的记录相比，虽说是对于每一个商代的先公先王的认识，增加了许多；而对司马迁所排的这一朝代的先公先王继承的秩序，新材料只把它加了强有力的证实。"（《李济考古学论文选集》，文物出版社1990年版）而这"证实"两字的分量又有多重啊！

从一定意义上说，至今发现的十万余片甲骨文，是一部全面记述殷商历史的百科全书。相隔数千年的古奥的甲骨文，字形离今天的汉字很远，艰涩难懂，但甲骨文中蕴涵的丰富文化信息逐渐被挖掘出来了，被解读了，主要涉及殷人的经济生活、政治军事活动及意识形态、思想认识等方面的状况，如农业、畜牧业、渔猎、军队、监狱、战争，还有鬼神崇拜、天文历法、气象、医学等，这些内容在本书中均有体现。本书中某些专题如对小臣职官、方国地理等的考释，由于时代久远，加之古文字语焉不详，也许在论述上还不够通俗。

夏代是个天下统一的王朝，它的统一是与治水大业紧紧联系在一起的。治水成功后，划分了九州，从中央派出了九牧到各地去实施管理。商代在此基础上进一步加强了中央与各地"方国"的联系。目前，已发现的商文化遗址有五百多处，广泛分布在陕西、山西、甘肃、内蒙古、辽宁、江苏、安徽、浙江、江西、湖北、湖南、四川、广西等省区。商作为一个统一的王朝，有效统治区已经拓展至东到大海、北至内蒙古、西至陕西西部和甘肃南部、南至江淮流域的广大范围。

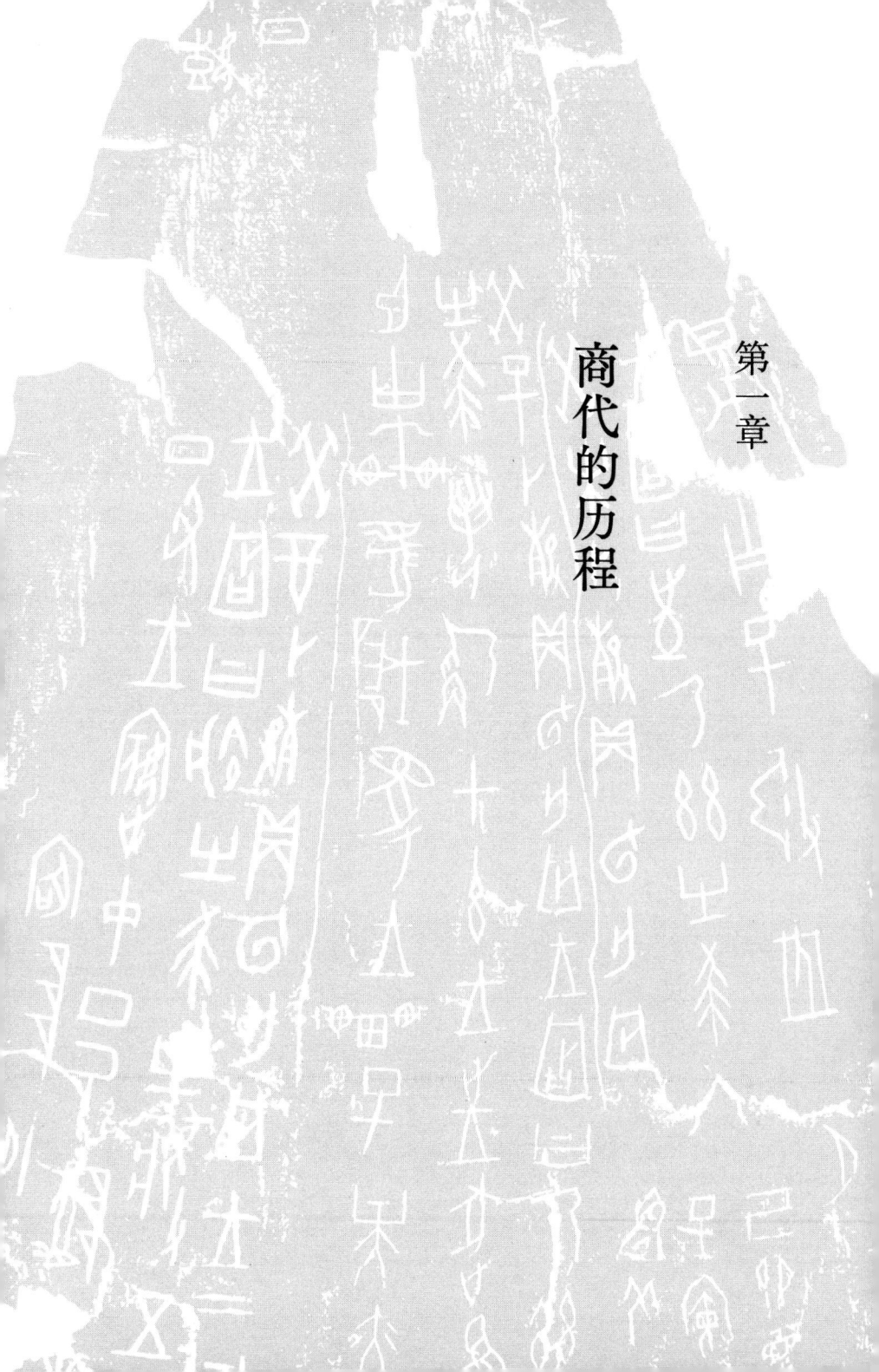

第一章 商代的历程

一般来说，商的历史分为三个阶段，分别为：先商时期，指从契封于商到成汤灭夏之前；早商时期，指从成汤灭夏到盘庚迁殷；晚商时期，指从盘庚迁殷以后到周武王灭商。然而，从中华王朝体系这个视角看，由于先商时期仍然处在夏王朝甚至更前的历史时期，所以商作为一个王朝通常包括早商和晚商两个阶段。[①]

我们先看先商时期的历史。

先商时期

根据《史记·殷本纪》所载，先商时期商王祖先的世系为：

契—昭明—相土—昌若—曹圉—冥—振—微—报丁—报乙—报丙—主壬—主癸—天乙（成汤）

---

① 本章的撰写参考了晁福林《夏商西周的社会变迁》、孙淼《夏商史稿》等著作。

下面就以这个世系为脉络来介绍先商时期的历史。

契是商人祖先。契的母亲是来自有娀氏的简狄。有一次，简狄和两个姊妹一起洗浴于河川之中，看到燕子衔卵并坠落下来，简狄就取来含入口中，不小心吞了下去，结果便怀上了契。商人后代作的诗篇《诗经·玄鸟》也说商族的诞生与燕子有关。这些神话传说，其实反映了商人的鸟崇拜倾向。契长大之后，和族人居住于蕃地。契生活的时代与舜、禹大致相当，他曾经辅佐禹治水，并立下了功劳。舜任命他为司徒，主要负责教化百姓；舜还将契封于商地，赐予契和他的族人子姓。契被商人称为"玄王"。

昭明是契的儿子。《世本·居篇》记载，昭明时，商族的居地在砥石。

相土是昭明的儿子。相土时期，商族的活动范围非常广泛，一度达到了"海外"（《诗经·长发》），海外应指今山东的滨海一带。相土还曾带领商人，将居邑迁到了商丘。相土在征伐的过程中，建立了东都，东都应是相对于商丘而言的。相土之时，夏代的君王太康由于荒于政事，一度被别的氏族夺取了政权，疏于对商族的控制，商族得以迅速发展。这一时期，商族影响的扩大，与相土改进交通工具有关，他曾经"作乘马"。

在曹圉时期，随着夏王朝少康的复国，商族重新恢复了对夏的臣属关系。

相土之后，商族比较著名的祖先是冥。冥担任过夏王朝管理水利的官员，因为勤政而死在治水的任上。卜辞中商人的先公所说的有季，应当就是冥。商代有郊祭之礼，郊祭不是一般的祭祀，而是祭天和祭祖之礼，祖先有功于当世者才能享受郊祭。商族的后人把冥与契、汤相提并论，并且用隆重的郊祭来祭奠他。

振是亥的错写。亥就是王亥，为冥之子。亥之称"王"，也许是后代商人对他的追封。甲骨文中对王亥的祭祀卜辞众多。王亥时期，商人驯服了牛来拉车，文献中称为"作服牛"（《世本·作篇》）。此时，

《世本》书影

商族居住于今河北中部和河南北部一带，其北部和有易相邻。有易氏的首领绵臣最终将王亥杀死，并夺取了商族的牛羊。商族人在王亥之弟王恒的率领下夺回了牛羊，王亥的儿子上甲微（又称微）还联合河伯攻打有易，杀死了他们的首领绵臣。王亥有时又被商人称为"高祖亥"，商人用隆重的祭礼来祭祀他。

上甲微为商族势力的继续发展作出了极大的贡献，如上所言，他曾联合河伯打败有易氏，还平定了诸弟之间的权力斗争。商族可能在微的时期，进入了有文字记载的阶段。商族人对于祖先的祭祀有一个周祭制度，即对上古以来的祖先轮番地、周而复始地进行祭祀——微通常位于首位。这是商人对于微的贡献的肯定。

报丁、报乙、报丙往往被合称为"三报"(《合集》32391。本书所引甲骨文著作的作者及出版情况均见本书的第四章第三节《甲骨文的著录》,后同)。示壬、示癸被称为"二示"。这五个先公有时又被称为"三报二示"(《合集》27083),他们在周祭制度中有明显的序列。他们以干日(用十个天干来记日,叫"十干日")称名的现象很值得重视。这个时期,商族的势力继续发展,为成汤灭夏做好了准备。同时,商人的都城迁徙明显频繁于其他阶段。

成汤又被称为天乙,在甲骨卜辞中称作大乙。成汤时期,商人居住在亳(bó)。也是在这一时期,商进入了史学家通常称为"早商"的历史时期。

早商时期

早商时期的商王世系为:

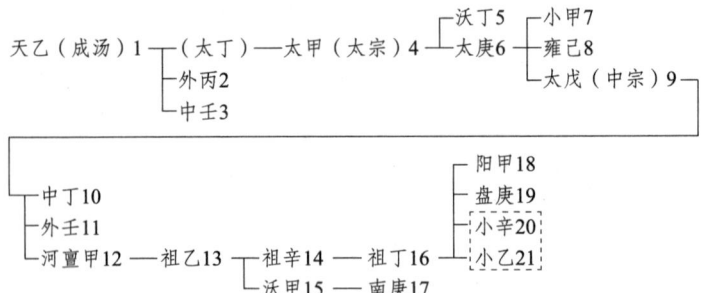

成汤在内政方面实施了一系列的宽政。商汤"以宽治民,而除其邪"(《国语·鲁语上》),这里说的"宽"主要指的是减轻压迫和剥削,用宽厚仁爱之心来治理民众。这些政策与夏桀的暴虐政策形成了鲜明的对比,许多民众都归附过来。商汤还得到了一些富有才华的贤人的辅佐,伊尹和仲虺(huǐ)就是其中的代表。仲虺还一度任商汤的左相。

同时,商汤取得了一些氏族和方国的支持,当时有四十个方国归附商族。另外,商汤通过联姻的方式取得了伊尹所在的有莘氏的支持。他还将仲虺所在的薛国争取到了自己的一边。

在做好这些准备之后,商汤开始了灭夏的战争。商汤灭夏是从攻灭夏的羽翼开始的。葛是首当其冲的第一个方国。葛是商人居亳时一个相邻的小国,商汤借口其不恭敬祭祀而将其灭掉。之后,商汤又进行了十一次征伐战争,终于"无敌于天下"(《孟子·滕文公下》)。经过一系列的战争,夏只剩下韦、顾、昆吾等少数几个服从国了。韦又称为豕韦,彭姓,位于今河南滑县东。顾即有扈,是夏的同姓国,位于今河南南阳。昆吾,己姓,位于河南濮阳。它们又被称为"三蘖",亦作"三孽",谓一本生三蘖。其意是说,这三个国家是夏王朝这棵大树上的三个大枝杈。砍掉了这三大枝杈,夏王国也长久不了了。商汤先后伐灭了它们(《诗经·长发》)。最后,只剩灭夏了。

此时,夏桀正忙于同位于今山东金乡东北的有缗氏进行战争,无暇回到他位于伊洛之地的王都。于是,商汤和夏桀的军队在河南、山东之交的原野上展开了大战。商汤在战前对将士们进行了动员工作，这篇誓词后来以《汤誓》为名保存在《尚书》中。从中可以看出，商汤是以天的名义来攻伐夏桀的，从而使"商革夏命"有了很大的合理性。最终，商汤在鸣条打败夏桀。桀逃奔到南巢而死。

灭夏之后，商汤在亳地大会诸侯，前来参加会盟的诸侯有三千多个。这次会盟实际上成为商朝建立的标志。

汤是商朝的创立者，他在位十三年。

王朝建立伊始，为了对夏所在的伊洛地区加强控制并震慑西方新归附的诸侯国，汤曾将都城迁徙到亳，这就是学者们所称的西亳。

太丁是成汤之子。在殷墟甲骨文中，有很多条是贞卜祭祀太丁的，说明商人很看重他。这与他生前协助成汤主持军国大事应该是分不开的。太丁没有继位就先于成汤而死。

外丙为成汤之子，太丁之弟。根据文献记载，外丙名胜。外丙在卜辞中为卜丙（《合集》27164）。外丙在位三年。

中壬是外丙之弟，名庸。在位四年。

太甲是太丁之子，名至。太甲在位的时候，修德政，四方的诸侯都来归顺殷朝（《史记·殷本纪》）。太甲在位十二年。

沃丁是太甲之子，名绚。沃丁在殷墟卜辞中又称羌丁。

太庚是沃丁之弟，名辩。卜辞中的大庚就是他。

小甲是太庚之子，名高。

雍己是小甲、太戊之弟，名伷。

太戊为小甲之弟、雍己之兄。在卜辞的周祭顺序中，雍己排在太戊之后，所以雍己应是太戊之弟，而非传世文献所记载的兄。太戊名密。太戊时，有伊陟、臣扈、巫咸等贤人辅佐（《尚书·君奭》）。此时，商王朝与西方诸方国的关系加强。《史记·殷本纪》称太戊为"中宗"，而卜辞中则称祖乙为"中宗"。

中丁是太戊之子，名庄。

外壬为中丁之弟，名发。

河亶甲为外壬之弟，名整。他在卜辞中称为戋甲。

祖乙是河亶甲之子，名滕或胜。此时，祖乙任用巫贤，商朝达到了复兴的局面（《史记·殷本纪》）。卜辞中一般称其为祖乙，有时也称下乙、高祖乙、中宗祖乙（《合集》26991、27239）。他受尊崇的程度，与商汤不相上下。

祖辛是祖乙之子，名旦。

沃甲是祖辛之弟，名踰。沃甲之子南庚曾继位为王。

祖丁是祖辛之子，名新。他在卜辞中被称为祖丁、小丁。他有四子——阳甲、盘庚、小辛、小乙——均曾为王，所以在祭祀的时候，他们的四位配偶被列入祭谱。

阳甲是祖丁之子，名和。卜辞中的兔甲，一般认为就是阳甲。

盘庚是阳甲之弟，名旬。史书记载，商朝在阳甲在位时期曾经出现衰落的局面。盘庚继位之初，想通过迁都摆脱旧的政治势力的束缚，从而振兴政治和国力。从《尚书·盘庚》来看，盘庚通过威逼和利诱两种方式迫使商族人支持自己迁都。最终，盘庚达到了目的，将都城迁到了今河南安阳的殷墟。

盘庚迁殷之后，商的王都从此固定下来，为商朝政治、经

《尚书·盘庚》有关盘庚通过威逼和利诱两种方式迫使商族人支持迁都的记载

济和社会的发展提供了一个稳定的局面。盘庚此后"行汤之政，然后百姓由宁，殷道复兴"（《史记·殷本纪》）。也是在这之后，商朝的王位继承制度渐趋成熟。先商时期的十四世，全部是"父死子继"制，到了早商时期的前期，又转向"兄终弟及"制，到早商时期的后期尤其是盘庚迁殷以后，又恢复以"父死子继"制为主。这样，商朝数百年间在王位继承制度上走了个大的"之"字形，然后才稳定下来，从而为社会的转变提供了契机。

盘庚迁殷，标志着早商时期的结束和晚商时期的开始。

晚商时期

晚商时期的商王世系为：

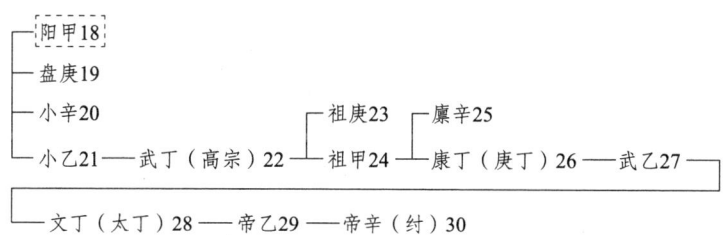

下面，我们依照这个世系来依次看晚商时期各个阶段的历史。

小辛为盘庚之弟，名颂。他在位的时候，政策应有不小的失误，故商朝出现复衰的局面（《史记·殷本纪》）。卜辞中的父辛（《合集》2131）、小辛（《合集》21538乙）就指小辛。

小乙是小辛之弟，名敛。小乙在位的时候，为了锻炼其子武丁的执政能力，曾让他到民间去锻炼（《尚书·无逸》）。小乙在世时就将王位让给了武丁。

武丁是小乙之子，名昭。武丁在年轻时候，曾长期生活在民间，因而懂得民间疾苦。他继位之初，曾三年不言，只观察政事和周围的大臣（《尚书·无逸》）。武丁在位的时候，得到了甘盘、傅说等人的辅佐。其中甘盘曾担任他的老师，傅说却是他从从事版筑劳作的刑徒中提拔上来的。经过武丁君臣的治理，商朝的国力日渐强盛。

在此基础上，武丁展开了对周边敌对方国的征伐。如土方，武丁曾多次派人前往征伐；武丁还派自己的妻子妇好率兵攻打土方。另外，舌方、羌方和南方的虎方、归方、荆楚等地也是武丁征伐的对象。

通过武力的征伐，很多诸侯国都臣服于商朝。武丁在位

《尚书·无逸》有关武丁"曾三年不言"以及"知稼穑之艰难"的记载

五十九年,通过自己的治理,商朝达到了鼎盛时期。商人尊他为"高宗"。

祖庚是武丁之子,名跃。

祖甲是祖庚之弟,名载。祖甲是商代的名王之一,商代的周祭制度就是他创立的。祖甲在位的时候发动了征伐西戎的战争,他还"重作汤刑"(《今本竹书纪年》)。同时,《史记·殷本纪》说祖甲淫乱,商朝在祖甲时期走上了衰亡的道路。

廪辛是祖甲之子,名先。

康丁是廪辛之弟,名嚣。

武乙是康丁之子,名瞿。他酷爱田猎,荒于政事,还蔑视神权,"为偶人,谓之天神。与之博,令人为行。天神不胜,乃僇辱之。为革囊,盛血,卬而射之,命曰'射天'"(《史记·殷本纪》)。这种行为在崇神信神的商代是极为叛逆的,也是为天道民情所不允的。武乙曾到河渭之间田猎,"暴雷,武乙震死"(《史记·殷本纪》)。此时,西方兴起的周族的势力不断扩张,商朝无法遏制其发展，只能任命周族的首领季历为"殷牧师"以示羁縻。

文丁是武乙之子，名托。此时，西部的周族势力迅速壮大，为了遏制周的发展，文丁将此时周族的首领季历杀死。

帝乙是文丁之子，名羡。从甲骨文材料来看，帝乙在位的时候，曾多次征伐人方。此时，商朝的国力更加衰落。

帝乙死后，他的长子是微子启，但因为启的母亲地位低下，他不能继承帝位。帝乙的少子辛继位，是为帝辛。帝辛"材力过人"（《史记·殷本纪》），又勇猛异常，个人能力是非常突出的。

然而，帝辛"益广沙丘苑台，多取野兽蜚鸟置其中"（《史记·殷本纪》），又"作为顷宫、灵台"（《晏子春秋·谏下》），大兴土木，增加了民众的负担，激化了阶级矛盾。

帝辛沉湎于酒，败坏了祖先的美德；又宠爱妇人，往往听从宠妃妲己的意见来决定政事。他还加重赋税，轻慢祭祀，引起了民众的极大不满。

帝辛对于统治阶层的政策也有很大的失误。他无端削弱他不喜欢的贵族权势，遭到对方强烈反对。帝辛强力推行这种政策，损害了很多贵族的利益，结果很多人叛逃他处，如当时掌管典籍和礼乐的大师、少师就逃奔到了周。另外，王室贵族微子、箕子、比干等人也同他产生了深刻的矛盾，结果他们都遭到了不同程度的打击。

为了转移内部的矛盾，帝辛决定对周边用兵，结果引起了各方国部落的叛离。所有这些都反映出殷商长期的积弊，已到了无

安阳殷墟仿殷大殿

法挽回的地步。最终商朝被周武王率兵灭掉。帝辛最后自焚身亡。帝辛身亡后，人们给他的谥号是"纣"，意思是"残义损善的人"。

《古本竹书纪年》记载，商朝从成汤灭夏到被周所灭，总共有四百九十六年。据《今本竹书纪年》合计，则商朝总共五百零八年。据夏商周断代工程，商朝起讫年代为公元前1600年—公元前1046年，总共五百五十四年。

第二章

商代的制度

分内服、外服的职官制度

商代已经有了比较齐备的职官设置。在古代,官员的任用、职位,称为"服",这个"服"字,如今我们还在使用,平时讲的"服务"就是指有了职位就要干相应的事。商王朝的职官分内服和外服两大类,畿内和商王直接统治区域的职官为内服,间接控制区域的职官为外服。内服、外服职官的具体内容,据《尚书·酒诰》记载:"越在外服,侯、甸、男、卫、邦伯;越在内服,百僚、庶尹、惟亚、惟服、宗工;越百姓里居(君)。"这段文字中的"越"可以释为"治理",其意是说,在外地,要靠侯、甸、男、卫、邦伯等外服官员来治理,在朝中,要靠各级内服官吏、宗室贵族治理,还要依靠退休官员。西周

《尚书·酒诰》有关商代内服、外服的记载

时期的大盂鼎铭文，提到"殷边侯、田（甸），与殷正百辟"，这在一定程度上反映了商代内服、外服职官的情况。[①]

下面我们先看外服职官。

侯，最初是边境地区设置的武装警卫组织，后逐渐成为正式的外服职官。据专家统计，商代卜辞记载中共有四十九个侯，如侯告（《合集》401）、侯专（《合集》3346）、侯屯（《合集》32187）等。商代的侯一直服从于商王朝，这与很多方国对商王朝时叛时服的情形形成了鲜明的对比。

商代的甸，在甲骨文中通常作"田"，最初是商王派到商都以外从事垦田的官员。这些官员在履职的时候，往往将自己的族人一同带到任职的地点去。他们长期在一个地方从事垦田，族人不断繁衍增多，也渐渐拥有了自己的武装。慢慢地，这些甸官就成了实质上的诸侯。到了商代晚期，商王开始接受这样的事实，正式设立"甸"为诸侯。在甲骨文中，常见商王卜问与"侯""甸""多甸"一起去征讨某方国是否吉利，可见甸已成为商王倚重的军事力量。

在上古汉语中，"男"与"任"通用。魏晋时期的学者孔晁在注解《逸周书·职方篇》时指出"男，任也"；甲骨文中的"雀男"有时就作"雀任"。商代有男官，如雀男、受男。商代卜

[①] 本章的撰写参考了王宇信、杨升南《甲骨学一百年》，王宇信、徐义华《商代的社会与国家》，宋镇豪《夏商法律制度研究》，裘锡圭《甲骨文中所见的商代五刑》，宋镇豪《从甲骨文考述商代的学校教育》，朱彦民《商代用人制度刍议》等论著。

辞中共有十五位任，如雀任（《合集》19033）、名任（《屯南》668）等。值得注意的是，商王盘庚曾经引用"迟任"的话来劝说民众支持自己将都城迁到殷地，说明任官在早商时期就已经存在了。

卫，最初是商王派驻在商都以外某地实施保卫职责的官员。像甸一样，后来随着势力的发展和民众的增多，"卫"逐渐被商王设立为诸侯。商代有穆卫（《合集》7563）、兄卫（《合集》7575）。

殷墟卜辞中没有直接的"邦伯"之称，但有很多"伯""某方伯"，其实质相同。商代卜辞中"伯某"有十二位，"某伯"有三十三位。有时，两个邦伯可合称为"二方伯"（《合集》28086）。

以上是商朝大致的外服职官体系。后来，随着外服职官体系的完善，牧、戍也渐渐融入了外服系统。

畜牧业在商朝的生产活动中占据了比较重要的位置，当时建有很多牧场，并有专人管理，如"于右牧""于左牧"（《合集》28769）。这些牧不仅主管着当地畜牧业，同时在对边地的控制中也发挥了重大作用。这些牧地的主管官员，实际上已转化为一方诸侯。甲骨文中还有"子牧"（《英藏》20017）的提法。

戍，字义为守边。在商代，它是商王朝在边境地区设置的军事据点，后逐渐成为外服职官名称。

商代外服的侯、甸、男、卫、邦伯等多数是方国部族的首领。商王和他们之间是上下级的君臣关系。他们对商王朝需要履行一定的义务，表现在：

（一）带领族人和军队跟随商王征讨敌国。在甲骨文中，有侯告跟随商王去征讨夷、侯喜跟从商王去征伐人方的记载。另外，根据《合集》36511的辞意，多个甸官和方伯参加了商王武力征伐盂方伯炎的战争。

（二）戍守边疆。甸、卫这些外服职官最初就是戍守边疆的。

（三）向商王朝进贡。商王朝军队的士兵、祭祀时用的人牲、占卜用的龟骨等，通常是由外服的职官进贡的。甲骨卜辞记载，有一个侯曾向商王进贡了作为奴隶的刍和占卜用的牛骨；雀地的诸侯曾向商王进贡二百五十片龟甲。

再看内服职官。

商朝的内服职官，根据其职责，可分为主要负责王朝政务的外廷官和负责商王生活的内廷官。

根据专家的分类，商代的外廷官包括以下四类：

（一）政务官，为负责处理政事的各类官员。《尚书·酒诰》中的百僚、庶尹、里君，西周大盂鼎铭文中的"殷正百辟"应当就属于此类。商代的甲骨文中有右尹、束尹、族尹等。商汤时期的辅佐大臣伊尹，地位一度达到十分崇高的地步。

（二）生产事务类职官，是主要负责生产事务的各类官员，包括牧、犬、小藉臣等。牧是总管畜牧的官员。犬主要负责狩猎。小藉臣负责耕作。

（三）宗教文化类职官，主要负责占卜、祭祀和从事文化的相关工作，包括巫、贞人、作册等。商代太戊时期的巫咸，祖乙时期的巫贤，皆是重要的辅佐之臣。贞人是专门从事占卜活动的神职人员，商代的卜官分元卜、左卜、右卜。作册是主管典册之事和册命的官员，作册职官在商代很常见，有作册西（《合集》5658反）、作册吾等记载。

（四）武官，指商王朝的各级将领和其他一些侧重武职的官员，包括师、马、射等。师本是商代军队的名称，甲骨文中有师般（《合集》2537）。商代的骑兵部队称马，这些骑兵的首领称马或多马。商代的军队中有专门负责射箭的士兵，他们的长官称射。

商代的内廷官主要是为商王的生活提供服务，包括宰、寝等。宰最初是为商王烹煮膳食的，因为与王亲近，其中一些宰日渐受到重用，武丁时期的冢宰一度能总领国家大政。商代有东寝、西寝（《合集》34067）、新寝，应是商王和后妃居住之所，商代的寝官就是负责这些事务的官员。

商代的内服、外服职官并不是一成不变的，两者之间可以相互流动。有一些外服首领曾到商王朝担任内服的外廷官员，如商汤的重要辅臣伊尹，从一些材料看，就曾是外服的首领。他曾辅佐汤建立商朝，被后人尊为中国历史上的贤相，奉祀为"商元圣"。孟子说："汤之于伊尹，学焉而后臣之，故不劳而王。"可见，伊尹又是中国历史上第一个帝王之师。也有一些官员，最初在内服任职，后来到外服担任首领，如口。他先在商王朝的内服担任贞人（《合集》31442），同一时期，他还担任了犬官（《合集》28316）。在经过一番职位流动的锻炼之后，口的能力得到极大的提高，后来商王任命他担任口族的首领。殷墟卜辞中的"小臣口"（《合集》27884）体现的正是他在外服担任首领（商代的"小臣某"往往是来自某族的军事首领）的事实。①

商代的军事制度

商代的军事力量分为两种：商王的军队和诸侯国的军队。

商王的军队又被称为王师、朕师、我师、我旅、王旅、王行。商王的军队由两支部队构成，一支以"师旅"为单位，以"众"为兵源；一支以"族"为单位，以王室或其他世家大族的族众为兵源。

诸侯国的军队往往以"某师"称之，如吴师（《合集》5812）、雀师（《合集》8006），其中的"某"就是军队所属的诸侯国。商代诸侯国的军队要受商王统领，要随王出征。

出土的商代兵器种类众多，有戈、矛、镞、胄、钺等。戈和矛分别为勾和刺之用，镞用于远射攻击，胄用于防护，钺象征军事指挥权，也当刑具使用。

商王的军队和诸侯国军队之间的关系，可以分为两种：其一，当某一诸侯国反叛商王朝时，他的军队就是商王朝的敌对力量。其二，当某一诸侯国臣服于商王朝时，他的军队就是商王朝的辅佐力量。

---

① 王进锋：《卜辞排谱与相关小臣某的族氏与身份》，《古代文明》2012年第2期。

铜骸玉矛

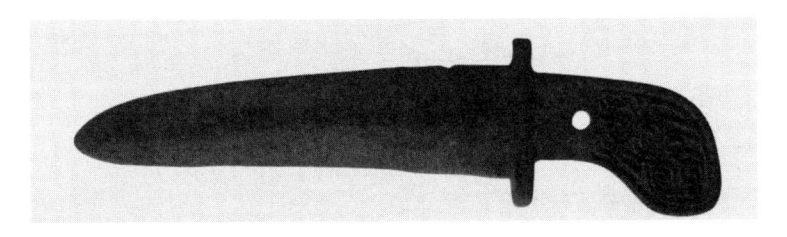

曲内戈

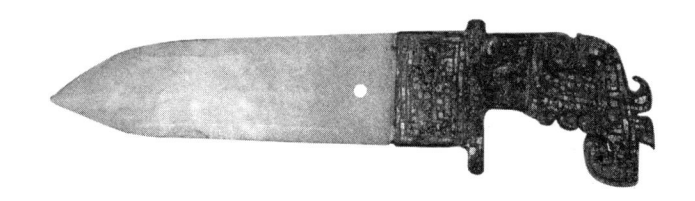

铜内玉援戈

商代军队的兵种有步兵、车兵、骑兵和舟兵。

步兵是商朝的主要兵种。商王曾经用步兵征伐夷、舌方、羌方等距离商都较远的敌国。不仅商王可以率领步兵，商代的一些贵族也可以统率步兵。步兵有时也用作先头部队。

商代的甲骨文中有用车打猎、用车作战的记载，另外，殷墟的多处墓地都发现有车马坑，说明商代的军队中有车兵。商王室军队的车兵有三师，每师配备七十五辆车。同时每师还配有牛车五十至一百五十辆，以运送物资。

1936年考古工作者在殷墟进行第十二次发掘时，发现了一座人马合葬墓，葬有一人、一马、一犬、一套兵器和一件玉器。这个墓的主人应是一位骑士。这可作为商代有骑兵的证据。商代已经有了相当规模的骑兵，可能以右、中、左编队，每队一百个骑兵。

在甲骨卜辞中记载，商王的军队乘船攻打敌方（《合集》27996）。这里的士兵应当就是舟兵。商代的舟兵应分左、右编制，分属不同的官员统率。

商代的军队建制有以下几种：

（一）师。师主要是以族为基础组建的。武丁时期就已经有了中师（《合集》5807）、右师；后来，师更有右、中、左之分（《合集》33006）。商代每师的人数还没有定制。

（二）旅。商代的旅，起初应是以军旗为标志的某一氏族的武装力量。到康丁以后，旅的建制日趋正规。旅分为左、右，众是组成旅的重要成员。

（三）行。商代有"王行"（《战后京津新获甲骨集》30·10），与某族、某地之行当有分别。行似乎为纯粹的步兵建制，而师、旅则是步兵、车兵的混合编制。

《合集》33006，内容为"丁酉，贞：王乍（作）三自（师），右、中、左"。

商代还有一定的军事训练。甲骨文中"庠射"(《合集》5770)就是教射箭,是对射手的训练。商代的"教马"(《合集》13705)是训练骑马,无疑是为骑兵作准备。"学众"(《合集》32)是训练集合演习,为作战作准备。商代的"振旅"(《合集》36426)更是军事演习之一。

《合集》13705,内容为"王弜爻(教)马,亡(无)疾"。

商代的法律制度

商代早在成汤的时候就已经有了法律,如《左传·昭公六年》记载:"商有乱政,而作汤刑。"汤所制定的法律一度成为商代国家政治运转的评判标准,商王也得遵守,否则会受到惩戒。《史记·殷本纪》记载,太甲继位后"不遵汤法,乱德",结果被辅政大臣伊尹流放到桐宫,后来太甲悔过,重新遵守汤法,才又被迎回。

商代后来的君王根据现实的需要对商汤所制定的法律作了修订。盘庚迁殷之后,就以汤法为蓝本,重新修订了法律的内容,"以常旧服正法度"(《尚书·盘庚》),即按照先王确立的制度，整顿当时的法纪，这正是当时情况的反映。到了祖甲的时候，"重作汤刑"（《今本竹书纪年》），再度修订商汤所制定的法律。到了商末帝辛的时候，"乃重刑辟"（《史记·殷本纪》），使法律和刑罚严酷，为的是平复日趋严重的阶级矛盾。

商代的法律有惩戒官员的法律、军事法律、针对民众的法律等几类。

《左传·昭公六年》有关"商有乱政，而作汤刑"的记载

《尚书·伊训》记载，太甲时期，伊尹"制官刑，儆于有位"，"有位"就是指官员，这里的"官刑"就是惩戒官员的法律。《尚书·盘庚》中商王明言"邦之不臧，惟予一人有佚罚"，盘庚所受惩罚的依据应当就是针对官员的法律。商代会受到这类法律惩戒的罪责大致有：（一）巫风、淫风、乱风。巫风具体包括在宫殿中跳舞，在宫室中唱歌；淫风包括沉湎于金钱和女色，经常游览和田猎；乱风包括不听圣言，忤逆忠直，远离道德，比肩孩童。这些都会受到惩罚。（二）见有罪，不匡正。官员见到有罪行为"不匡，其刑墨"（《尚书·伊训》），就会被施以墨刑。（三）对民众没有功劳，不勤于政事。《史记·殷本纪》记载商汤灭夏之后，对臣下说如果不能"有功于民，勤力乃事"，就会严厉地惩罚他们。

（四）违背商王的意愿。商末的时候，比干被商纣施以剖胸观心的极刑，原因应该还是他屡次"强谏"（《史记·殷本纪》），违背商纣的意愿。

商代已经有了军事法律。在《尚书·甘誓》中，商汤对商的将士们说"用命，赏于祖；弗用命，戮于社"，是指听从命令奋力杀敌的将士会受到奖赏，不听从命令的将士会被戮杀，这种奖赏和惩罚的依据应是当时的军事法律。同样的话语也出现在《尚书·汤誓》中，商汤对将士们说："尔尚辅予一人，致天之罚，予其大赉汝；……尔不从誓言，予则孥戮汝。"商代的甲骨文中也有军事法律的记载，《屯南》119"师惟律用"，这里的师律就是指军纪军法。

商代已有针对民众的法律。应该说商代大部分的法律都是用来约束和惩戒民众的。根据文献记载，商代民众的违法行为有：（一）不孝。《吕氏春秋·孝行》

《尚书·盘庚》有关盘庚迁殷之后告诫臣民的记载

陶塑人形（商代晚期，河南安阳小屯出土）。为盘发戴枷之人，男子枷手于背，女子枷手于前。造像虽简，但将其处境大致勾勒出来了。

引用《商书》说："刑三百，罪莫重于不孝。"可见在商代，将不孝看成非常严重的罪行。（二）妖言惑众。《尚书·盘庚》中盘庚对编造谣言、煽动民众的行为非常关注，如有发生，他会惩罚相关的人员。（三）违背王命。《尚书·盘庚》中说，民众不听从王上的命令，必然会受到惩罚。（四）危害公共秩序。《韩非子》中记载，根据殷代的法律，民众弃灰于公共道路上就会被处以断手的刑罚。根据孔子的解释，之所以会受到惩罚，是因为这些人危害了社会秩序，埋下了祸乱的隐患。（五）囤积货物。商王盘庚时时告诫民众，囤积货物就会受到惩罚。

根据以上描述，我们可以看出商代的法律种类比较齐全。不仅有惩戒官员的法律，而且有军事法律和针对民众的法律；在具体的条目上，囊括了社会生活的方方面面。同时，商代的法律多是由习惯和习俗升格上来的，如将不孝的行为定为违法，明显是来自日常生活的习俗。需要指出的是，商代法律还处于秘密法阶段，是不为普通民众所知的。商代一个罪名下，犯罪者或罚为奴隶，或处以死刑，究竟采用怎样的刑罚往往是不确定的，他们希望通过这样的做法来达到"刑不可知，威不可测"的统治效果。

根据学者们的研究，商代的法律已有一定的司法程序。包括第一步向司法部门提起诉讼、案件受理和司法审判；第二步核准断狱、定罪和量刑。[①]

[①] 宋镇豪：《夏商法律制度研究》，《夏文化研究论集》，中华书局1996年版。

商代的刑罚制度

商代刑罚有徒刑、肉刑和死刑三种。

商代的徒刑分为徒役、囚禁和流放三类。徒役就是成为国家控制之下的奴隶。商代的罪犯在受刑之后,一般并不能恢复原先的自由身份,这些人最终成为国家的强制劳动者。武丁时期的傅说就曾被捆缚着做苦役,这就是一种徒役。

商代已经建有监狱,罪犯被捕之后,囚禁于监狱之中。《史记·殷本纪》上说周文王曾被商纣囚禁于羑里。根据卜辞的内容,商代确实有监狱,而且在㝬、戈、旁方等地都有。商代的监狱一方面关押从外族抓捕来的俘虏,另一方面也囚禁本国的罪犯。商代被囚禁的罪犯不仅被限制了自由,而且需要从事体力劳动。

将罪犯流放到别的地方是商代以前就有的刑罚方式。尧舜的时候,曾将共工流放到幽陵,将驩兜流放于崇山(《史记·五帝本纪》)。商代也有流放之刑,商王盘庚曾以流放之刑威胁族众迁都。

商代的肉刑分为墨刑、劓刑、刖刑、宫刑、断手。墨刑也叫黥刑,一般先在犯人的面部或额头刻字,再填以墨。殷墟甲骨文中有"辛"字,作🈳形。从字形上看,像錾凿一类的工具,也正是用作黥面的刑具。从甲骨卜辞中可见,商王有时会派人监督黥刑的执行情况。甲骨文中还有一字作🈳(《屯南》857),像用某种利器在一个人的面部或额头刺字,应当就是"墨"字,表示墨刑。甲骨文中有对多仆实行墨刑还是刖刑进行贞问的辞例。

《合集》525，内容为"庚辰卜，王，朕椓羌，不死"。

劓刑就是割鼻。甲骨文中有 劓 字，从"自"从"刀"。其中，"自"是鼻的象形初字。所以，劓即以刀割鼻之形，就是"劓"字。

刖刑是断足之刑。殷墟甲骨文中有 刖，像用锯断人足之形，就是刖字。商代经常对仆实行刖刑，逃亡者也会被施以刖刑，有时还会对不听话的方国首领施以刖刑。商代的考古遗址中也发现了很多刖刑的证据。1971年，考古工作者在河南安阳后冈的16号墓中发现了缺少下肢骨的骨架，明显是生前受过刖刑。河北的藁城台西商代遗址，13号探坑里发现了一具被锯掉了右腿的遗骸，当是受过了刖刑。

宫刑施行于女子，为幽闭；施行于男子，为割去生殖器。甲骨文中有 椓、椓 字，像以刀割男子的生殖器形，当是去人势的专字，即椓，后世称为宫刑。商王有时会对羌奴实施宫刑（《合集》525）。

断手就是砍去犯人的手。《韩非子·内储说上》记载"殷之法，弃灰于公道者，断其手"，弃置灰烬于公共的道路上就要被砍手，可见商代有断手之刑。

死刑是直接剥夺囚犯的性命，是最重的刑罚。商代死刑的种类很多，其中最极端的方式是族诛。《尚书·盘庚》中记载，盘庚曾用族诛的刑罚威胁民众，让他们支持自己迁都。在考古方面，很多商代的墓葬证明当时确实存在族诛的现象。殷墟后冈曾发现一个埋葬有七十三人的圆坑，多数尸体为成年男女，但也有十多具儿童及婴儿的尸体；他们有的身首异处，有的被捆缚。他们可能是惨遭族诛的某一家族。[①]武官村祭祀场的7号墓坑中出土了九具尸体，有六具被砍去了头颅，三具未砍头，皆为俯身。其中有两具为成年男性，一具为成年女性，四具为年龄较大的未成年人，两具为年龄较小的儿童。他们应当是一个家族的成员。[②]他们当初可能就受到了族诛之刑。

大辟是死刑中的第二种刑罚。大辟就是砍头，甲骨文中有"伐"字，在指代刑罚的时候就是大辟。《合集》7771"伐二千六百五十六人"，就是砍去二千六百五十六人的头颅。一次就砍去那么多人的头颅，说明当时殷统治者的刑罚是十分严酷的。

剖是死刑中的第三种刑罚。《史记·殷本纪》记载，商代王子比干奋力劝阻商纣王，纣大怒，"剖比

《合集》7771，内容为"八日辛亥，允戋，伐二千六百五十六人。在𩠐。九月"。

[①] 宋镇豪：《中国风俗通史·夏商卷》，上海文艺出版社2001年版。
[②] 安阳亦工亦农文物考古短训班、中国科学院考古研究所安阳发掘队：《安阳殷墟奴隶祭祀坑的发掘》，《考古》1977年第1期。

《合集》26955，内容为"贞：其卯羌伊宜"。

干，观其心"，剖就是开胸掏出心脏。甲骨文中的"卯"字就有剖的含义（《合集》26955），"卯羌"就是将羌奴剖胸掏心。

炮烙。《史记·殷本纪》记载，商纣重设刑罚，设定了炮烙之刑，就是设铜柱，下用木炭烧热，命令罪犯在上面行走。这是刑罚中很残酷的一种。

脯醢刑。脯刑就是将人做成干肉，醢刑就是将人剁成肉酱。商代有这种刑罚。根据史书记载，九侯曾将自己的女儿献给商纣，但是九侯女不喜淫，商纣大怒，将九侯剁成了肉酱；鄂侯竭力为九侯辩护，结果商纣将鄂侯做成了干肉。

火刑。甲骨文中的交字，像把人放在火上焚烧之形，说明当时有火刑这样一种刑罚。

烹刑。据西晋皇甫谧所撰《帝王世纪》记载："文王之长子曰伯邑考，质于殷，为纣御，纣烹为羹。"伯邑考作为商末非常重要的方国周的首领之子，还被商纣烹煮成肉羹，说明刑罚残酷至极，也说明商代确有这样一种刑罚。

活埋。考古表明，在很多商代墓葬中发现了人殉和人牲的人骨，有的呈挣扎状，说明这些人最初是被活埋的。

商代的教育制度

商代的一种很重要的教育方式就是让受教育者在生活和劳动的实践中磨炼，从而学习一定的知识和经验。商王小乙在位的时候，曾让儿子武丁到民间去锻炼（《尚书·无逸》），其意就是让他在实践中增长知识和能力。小乙甚至在世的时候，就将王位传给了武丁，也是让他在实际的政治运作中增强执政能力。

除此之外，商代已经有了学校教育。

商代已有了大学。《屯南》60记载有"于大学寻"，这里的大学是商代贵族子弟受教育的场所。商代的大学也称为"右学"，《礼记·王制》记载有"殷人养国老于右学"，郑玄解释说："右学，大学也。"殷墟甲骨文中有卜辞"右学"（《合集》3510）、"丁巳卜，右学"（《合集》20101），进一步证明了商代大学的存在。根据传世文献的记载，商代的大学通常位于郊外，如《礼记·王制》郑玄注就指出大学"在西郊"；《礼记正义·王制》也记载有"殷制：……大学在郊"。

商代还办有小学。殷时的小学又称为"左学"，《礼记·王制》载"殷人……养庶老于左学"，郑玄注："左学，小学也。"根据文献，小学通常位于国中，《礼记正义·王制》指出"殷制：小学在国中"，郑玄也说，小学"在国中王宫之东"。可能正因为此，小学也被称为内学。《合集》16406记载有"乍（作）学于人，若"，这里的"人"意为"内"，辞意为在内建造学校是否顺利。这个学校应当就是小学。

商代的学校还有庠(xiáng)、序。庠里有各种养老的名目,实际上,它是以养老为手段对社会上各类人实施孝悌教育的地方。商代的序,重视对受教育者进行军事训练,尤重射箭教育,在军事训练中还包含了品德教育。

瞽宗是商代的另一种学校。《礼记·明堂位》:"瞽宗,殷学也。"因为它位于明堂西门之外,故也称为西学。瞽宗教育通常以礼乐教育为主,注重向受教育者灌输顺从天命和先祖意旨的观念。这类学校依附于宗庙,是宗庙的重要组成部分。

在商代的教学体系中,老人是重要的教学人员。商代的"右

《合集》16406

《礼记·王制》有关"殷人养国老于右学"的记载

《礼记正义·王制》有关殷代"大学在郊"的记载

《礼记·明堂位》有关"瞽宗,殷学也"的记载

学""左学"里通常选择有道德声望、礼教经验、社会地位的老人来对贵族子弟进行教育。《礼记·乐记》记载"食三老五更于大学……所以教诸侯之弟也",郑玄注"三老五更,互言之耳,皆老人更知三德五事者也",《周礼·大司乐》也说"凡有道者、有德者,使教焉"。

瞽者是商代另一类教学人员。瞽是有目无瞳仁的盲人。瞽

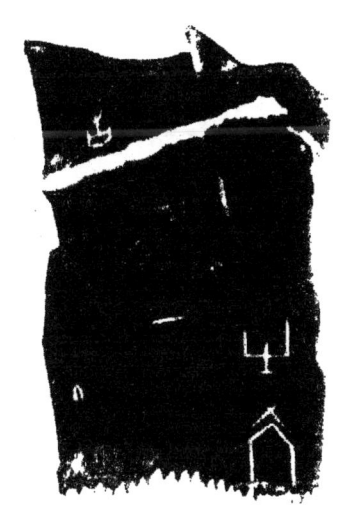

《合集》3510,内容为"有(右)学"。

者当中有一些人擅长乐技祀礼。郑玄说,瞽者"以为乐官,目无所见,于音声审也"(《诗经·有瞽》郑玄笺);《国语·周语下》记载"古之神瞽,考中声而量之以制",韦昭解释说"神瞽,瞽乐正,知天道者也。……考,合也,谓合中和之声而量度之,以制乐也",可见瞽者擅长音乐。商代往往使瞽者教诲于学宫。甲骨文中有"教瞽",就是让瞽者授教于商朝的学校。韦昭还说"瞽,乐太师……以相教诲者"(《国语·周语上》韦昭注)。

商王有时还亲自给贵族子弟传授技艺。《合集》12570记载"贞:翌丁卯王其教,不遘雨",说的是对商王教学的时候是否下雨进行占卜。可见商王也亲自担任授教的工作。

下面来看商代学校里的教学内容。

商代的学校会教授食礼。甲骨文中有"食多子"(《英藏》

《合集》12570，内容为"丙寅卜，允，贞：翌丁卯王其爻（教），不冓（遘）雨"。

153反）、"飨多子"（《合集》27649）的记载，这里多子就是指商代贵族子弟，此两辞中的"食"和"飨"除吃之外，也有教诲的深意。教授贵族子弟食礼，与《诗经·绵蛮》中所说的"饮之食之，教之诲之"相似，目的是使贵族子弟在具体进食过程中观摩学习食礼，以便日后这些贵族子弟能事宗庙、继后世。

商代的学校还有"六艺、六仪"的教学内容。所谓的"六艺"就是指五礼、六乐、五射、五驭、六书、九数；"六仪"是指祭祀之容、宾客之容、朝廷之容、丧纪之容、军旅之容、车马之容。这些都是贵族子弟实际生活所需的技艺，也是他们将来从事政治活动所必须具备的素质。

商代的贵族子弟需要学舞。《周礼·大司乐》中提到："以乐舞教国子，舞云门、大卷、大咸、大韶、大夏、大濩、大武。"可见，上古时期贵族子弟学习的舞蹈门类挺齐全。《周礼·春官》也载"乐师掌国学之政，以教国子小舞"，郑玄注"谓以年幼少时教之舞"。殷墟甲骨文中有"乙丑卜，子学。辛未，岁祖乙羲，子舞权"（《花东》474），权本是族名，在此指权族之舞。这里的子是商代的贵族，他要学习权舞。商代的甲骨文中还有这样的记载："丁酉卜，今日丁万其学。于来丁乃学。于右寏学。若呐于学。"（《屯南》662）这里的"万"就是指万舞，是一种充满阳刚之气的舞蹈，跳起来"有力如虎"（《诗经·简兮》）；"今日丁"和"来丁"是指这一个丁日和下一个丁日；"右寏"是学舞的场所；"呐"是跳舞时的吆喝声。[①]这片卜辞是一个贵族对这个丁日还是下一个丁日学舞，以及在什么地方学舞进行的贞问。从这些内容可以看出商代的贵族要学舞。

商代的学校还会教祭祀时演奏的歌乐。这种歌乐，称为"商"。殷墟甲骨文中有如下的记载："甲寅卜，丁永，于子学商。用。丙辰卜，廷奏商。用。"（《花东》150）卜辞中的子在甲寅日学习祭祀歌乐商，而且还会在丙辰日演奏。可见这种学习是边学边练的。

商代的学校还教学骑马。《合集》13705记载"王弜教马，无疾"，马就是指骑马。这里的骑马技艺是由商王亲自传授的。

商代的学校可能已经建立了一定的管理制度。根据记录周代官制的《周礼》，周代有大胥一职专门掌管"学士之版"，就是指学籍。而商代的甲骨文中有这样的内容"丙子卜，贞：多子其延学版"（《合集》3250），这里的学版似乎就是指学籍，"延学版"就是指延长学籍。

---

① 宋镇豪：《商代史·卷七：商代社会生活与礼俗》，中国社会科学出版社2010年版。

商代贵族子弟上学,通常不能无故缺席。《花东》181记载"己卜,子其疫,弜往学。庚卜,子心疾,亡延",这里说的是,孩子因为患心疾,不能去学校。这位父亲特地占卜,得到"亡延"的结论以后,才告假,可见很重视上学之事。这与当时学校有不能缺席的管理规定应有很大的关系。

商代的选官制度

盘庚曾经谈到了商代的选官原则,为"古我先王,亦惟图任旧人共政",并引用迟任的话,进一步申明"人惟求旧"(《尚书·盘庚》)。旧人就是指商王室的血亲贵族和异姓功勋贵族,其中以王室血亲贵族为主。[①]商王朝给商王的诸多叔父、同宗族的同辈兄弟以高官厚禄,组成血亲集团,如微子、王子比干等。同时也任用一些异姓功勋世袭贵族,如伊尹等。

祭祀、占卜和征伐是商代政治生活中的三件大事,商代从事这些职业的人很多都是世袭的显赫贵族。商代的人尊神敬鬼,推崇占卜,负责占卜的贞人多为当时的高级知识分子和重要文官,而这些人都来自贵族子弟。商代的军队作为国家对内统治、对外征战的重要工具,掌权者多是王室之人或亲信贵族。如武丁时期的重要将领妇好就是武丁的妻子,望乘、毕、雀都是商王的亲信

---

① 朱彦民:《商代用人制度刍议》,《天津师范大学学报(社会科学版)》1997年第5期。

贵族。另外，商王朝内服和外服的重要官员都是由大贵族担任。

商代任用亲信贵族，也有一定的甄选标准。这些标准大致有：第一，就是要别亲疏远近。第二，忠于商王。商王盘庚在劝诫臣下时，就希望他们完全遵照王的意思去办事。第三，以国家之事为重，不自私自利，不贪财好货。商王曾经明言自己不会任用那些贪财好货之徒，而愿意任用恭敬为国家利益、民众营生出力的人。第四，对部属民众爱护，不加戕害。商王曾劝诫官僚不要侮辱年老体衰的人，不要欺凌弱小的人。第五，做好本职工作，不乱起妄言，不扰乱政治。

商代在任用亲贵的同时，在政治改革的特别时期也会破格任用一些富有才华、出身微贱之人。伊尹对于商汤，就是其于非常时期任用的非常之人才。商汤当时有灭夏的雄心，但缺乏有才华者的辅佐。伊尹当时只是一个耕于有莘之野的农奴，也有人说是陪嫁的媵臣。他因为能做出可口的饭菜，常被商汤引在左右，他也以做饭打比方，跟商汤讲说治国的大道理。商汤认为他很有才华，于是任用为相。商汤在伊尹和另一位贤能之士仲虺的辅助下，终于率领商族及其盟友打败夏桀而建立了商王朝。

商王武丁继位之后，商王朝面临诸多困境，"比九世乱"（《史记·殷本纪》）。然而，此时他身边的亲贵们多是平庸无能之辈，而且逐渐形成强大的政治保守势力，对武丁的改革百般阻挠。武丁自己曾在民间生活，深知他们中间有治国良才。傅说就是当时出身微贱，但富有才华的人。

根据文献记载，傅说曾是一名筑城的奴隶，"居北海之洲，圜土之上，衣褐带索，庸筑于傅岩之城"(《墨子·尚贤下》)，还有人说他是囚犯。总之他地位很低下。但是他很有治国的才华。武丁为了起用傅说打破了很多的常规。武丁三年不说话，寻找对策，最后谎称自己做了个梦，梦见遇到一位有经国济世之才的人，命令下属去找。这样才把傅说招到了身边。武丁得到傅说之后，君臣相得，治理国家终于收到了较好的效果。

商代自武丁之后的国君多是些平庸享乐的帝王，不能及时解决社会中出现的问题。所以到了商末，殷道日衰，贵族们则嗜酒成风，萎靡不振，国势日微。正是在这种情况下，帝乙把帝位传给了拥有很高天赋的帝辛（即商纣）。据文献记载，帝辛"资辨捷疾，闻见甚敏；材力过人，手格猛兽"(《史记·殷本纪》)。帝乙传位给他，就是希望他能力挽狂澜。可惜纣王暴虐腐败，骄奢淫逸，且所用非人。他任用费仲、恶来，前者"善谀，好利"，后者"善毁谀"(《史记·殷本纪》)。如此，导致纣王众叛亲离，最终身死国灭。

值得一提的是，商王破格提拔人才只是个别的现象。商王朝最主要的还是亲贵政体，用亲用贵仍是当时选拔官员的基本原则。

商代的选官除了以上所言的一些状况以外，还有临时任官现象的存在。

临时任官就是商王根据现实政治的需要临时任命官员。这一方面是因为很多新出现的事务没有人员管理，需要临时任官，另一方面是出于集中王权的需要。商代的同姓贵族和外姓官长长期担任重要骨干，逐渐形成了利益集团，有时会形成对王权的约束。商王临时任命的官员往往对他言听计从，所以商王的意志可以得到顺利贯彻。

商代临时任命的官员有一类是已经有一定职务的贵族。甲骨文中的"御事"有用事的含义，这一类卜辞中的人物往往具有临时任命的性质。《合集》21698记载"启人御事"、《合集》27789"微御事来"、《合集》5561"呼山人御事"，这里的启、微、山都是商王朝的贵族或方国的伯长，他们就是被临时任命去管理一定事务的官员。

商代还有一类被临时任命的官员，本身并没有固定的职务。商代有很多贵族由于宗法的关系，在本族中的地位并不高，也没有固定的职位。他们往往成为商王临时任命的官员。

商王有时还会从俘虏、罪犯、奴隶中选取一些人，临时选拔为官员。殷商时期，贵族和地方伯长经常向商王朝进贡甲骨，商王会派一定的人员对这些甲骨进行检视，甲骨文中称为"示"。甲骨文中有卜辞"羌宫示十屯"（《合集》7380曰），十屯就是十对，本辞意为羌宫检视十对甲骨。这里的羌宫就是俘虏，他被商王任命来检视甲骨。甲骨文中的"启"有时是指军队里的先头部队，《合集》7345记载"羌舟启王"，这里的俘虏羌舟就担任了商王先头部队的首领。

周武王灭商后，并不是立刻摧毁了商王朝的官僚系统，而是大范围地吸纳了商代的官员。这表现为许多商末的官员投奔或归顺了周朝。

《史记·殷本纪》载商纣之时"殷之大师、少师乃持其祭、乐器奔周",大师、少师是商朝管理祭祀、音乐方面的官员,他们在商末投奔了周朝。这些人后来应当都在周王朝担任一定的职务。

西周青铜器史墙盘铭文前段追述周初文、武、成、康、昭、穆各王的功业,后段记载了微氏家族的发展史,包括其任职。

史墙在追述祖先功业的时候讲道:

> 于武王既戋殷,微史烈祖乃来见武王。武王则令周公舍寓于周俾处。……史墙……对扬天子丕显休令,用作宝尊彝。(《商周青铜器铭文选》225,史墙盘)

微史是史墙的祖先,曾在商朝任史官;他在武王克商之后,投奔了周朝。墙继承了微史的职务,继续在周王朝任史官。

《尚书·顾命》曾提到:

> 大保……命作册度。

《顾命》一般被认为是西周成康之际的文献,所以它所提及的"作册度"当是周初成康之世的人。有学者指出此处的"作册度"就是金文中的"作册宅"。此段材料的大意为:大保命令宅担任作册。

然而,作册宅铸造的作册宅方彝(《西清古鉴》13·6),盖呈"四阿顶"式,从器形上看和殷墟刘家庄1046号墓出土的方彝

史墙盘及其铭文

相似，当处于殷墟四期，即帝乙、帝辛时期。以此来看，宅曾生活于商末，并在商王朝任作册职官。作册宅被周初的成康朝廷任命为作册，说明周初统治者任命他担任了同样的官职。

那么，是什么原因促成了商周之际的文官传承呢？

一方面，这跟周初的统治政策有关。周武王伐商时，曾特地向作战将士们申明：

弗迓克奔，以役西土。(《尚书·牧誓》)

王肃说："不御能奔走者，如殷民欲奔走来降者，无逆之；奔走去者，可不御止。役，为也，尽力以为我西土。"(《尚书注疏》引)这段文献有两层含义：一是奔走逃跑的，不追杀；二是奔来周朝投降的，则为周朝所用。这当然是周武王所制定的一种军事策略，鼓励商王朝的将士逃跑、投降，从而减少伐商过程中的阻力。这种政策也在客观上促使很多商王朝的官员奔来投降周朝。这些来奔的人，后来很大一部分都在周王朝任职了。与此同时，《逸周书·克殷解》记载周武王灭商后：

乃命南宫百达、史佚迁九鼎、三巫。

"三巫"，《史记·周本纪》作"保玉"。对于"三巫"具体所指，清代学者多有研究。潘振以为其是地名；于鬯以为是"三革"，大致是兵器；陈逢衡以为是"巫参"，为"殷家神明之重器"。《史记·周本纪》与《逸周书》相异的地方，如清代学者梁玉绳引《吹景集》所言，"当从《(逸)周书》"。而将"三巫"解为地名，则要在"九鼎"与"三巫"间加"于"，有增字解意之嫌，陈逢衡已指出其误。另外，"三革""巫参"的说法都要通

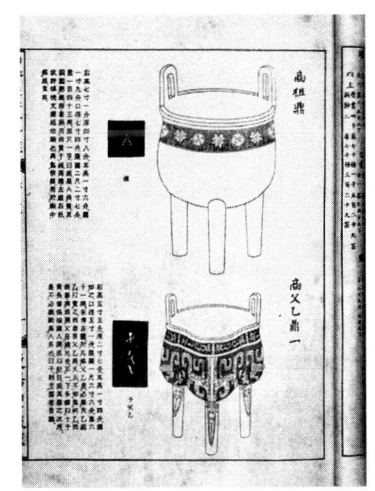

《西清古鉴疏》书影

过通假或倒装，甚至要转换多次，略显迂曲。实际上，商代有巫官，据文献记载，太戊时有巫咸，祖乙时有巫贤。他们在辅助商王治理国家方面，都作出了贡献。上引文献中的"巫"当即巫官，"三巫"应即商朝的多个巫官。三巫作为高级文官，熟悉国家礼仪的运作、制度的制定，也是周朝重新建立统治秩序所重点依靠的力量。所以，周武王让南宫百达、史佚将他们带到周王朝继续任用。

另一方面，这与商周之际的教育状况有关。殷商、西周时期私学尚未兴起，大部分人没有机会接受教育，一些从事文职的官员，通过家族内部传承教育，掌握着很好的知识，被当时的政府所倚重，从而能世代保持官禄，虽历经不同的朝代而不变。司马迁在回顾其家族的历史时，说道：

> 昔在颛顼，命南正重以司天，北正黎以司地。唐虞之际，绍重黎之后，使复典之，至于夏、商，故重黎氏世序天地。其在周，程伯休甫其后也。当周宣王时，失其守而为司马氏。司马氏世典周史。(《史记·太史公自序》)

可见司马迁的家族也是一个在不同朝代都能任官的文官世家。其先人在周朝的时候已是世代任史官，管理周史。其中的重要原因就是其家族通过教育，掌握了知识，因而为政府所倚重。商周之际的文官传承与这种状况有关系。

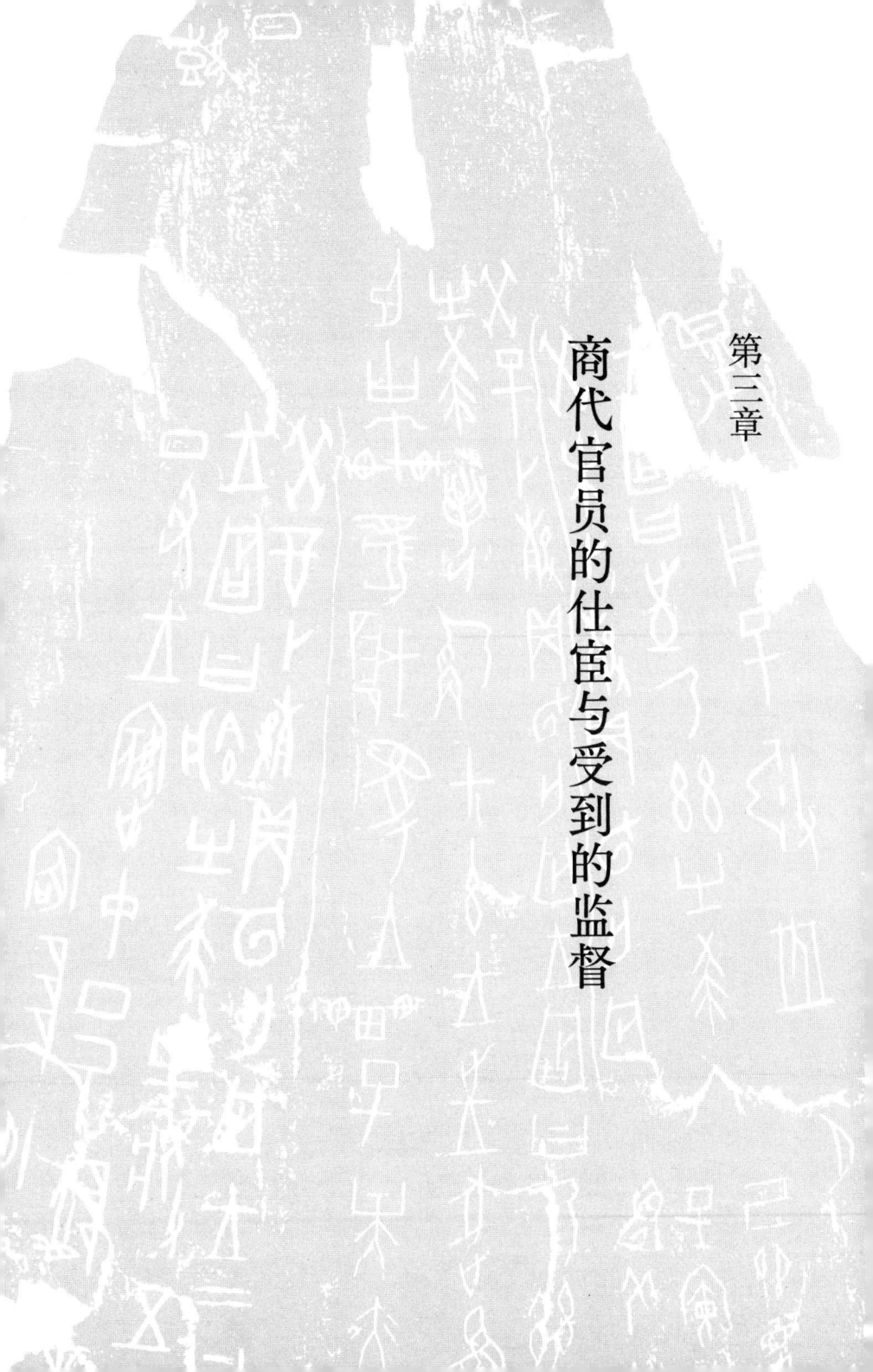

第三章 商代官员的仕宦与受到的监督

商代官员的仕宦

过去有很多学者研究了商代的官制，如陈梦家《殷虚卜辞综述》第十五章《百官》，分"臣正""武官""史官"三类对商代的多种职官进行了探讨[1]。王贵民《商朝官制及其历史特点》分商王朝廷五个部门职官、地方政权长官、地方基层官吏"族尹"三个层面对商代职官进行了研究。[2]晁福林《夏商西周的社会变迁》分"侯""甸""男""卫""邦伯"对商代的外服职官，分"百僚庶尹""惟亚惟服""宗工""百姓里君"对商代的内服职官，进行了讨论。[3]王宇信、杨升南主编《甲骨学一百年》第十一章第二节《殷正百辟和殷边侯甸》，专门关注了商代的内服和外服职官系统。[4]日本的岛邦男《殷墟卜辞研究》第二编第四章《殷官职》以"多某"为线索，对商代内服职官的

---

[1] 陈梦家：《殷虚卜辞综述》，中华书局1988年版。
[2] 王贵民：《商朝官制及其历史特点》，《历史研究》1986年第4期。
[3] 晁福林：《夏商西周的社会变迁》，北京师范大学出版社1996年版。
[4] 王宇信、杨升南主编：《甲骨学一百年》，社会科学文献出版社1999年版。

名称和职责进行了揭示。①王宇信、徐义华《商代史·卷四：商代国家与社会》第七章《商王朝的职官制度》，专门关注了商代的官制，②等等。

他们考察了官职名称、种类、体系、职责范围等问题，取得了不少成绩，但是也存在看不到官员前后职务变化、忽视官职与官职之间关系的弊端。近几年，有一些论著开始了动态关注商朝官制，如《殷商时期的小臣》认为商朝的"小臣"是一批后备人员，他们在不同的时期担任不同的官职③；韩江苏、江林昌《商代史·卷二：〈殷本纪〉订补与商史人物徵》考察了很多商代人物整个一生的事迹，从中可以看出有些人是有着职务流动经历的④。但总体来说，这些论著都是在论述其他问题时兼及官员，因而聚焦性并不强。另外，宋镇豪、刘源《甲骨学殷商史研究》第七章第一节的第二部分《内服与外服二重官僚体系》，对前人关于商朝官制的研究成果进行了精到的回顾与点评，从中也可以看出过去学者们往往关注的是静态的问题⑤。

此时，我们考察官员的仕宦，一方面可以弥补前人研究的不

---

① 岛邦男：《殷墟卜辞研究》，上海古籍出版社2006年版。
② 王宇信、徐义华：《商代史·卷四：商代国家与社会》，中国社会科学出版社2011年版。
③ 王进锋：《殷商时期的小臣》，《古代文明》2014年第3期。
④ 韩江苏、江林昌：《商代史·卷二：〈殷本纪〉订补与商史人物徵》，中国社会科学出版社2010年版。
⑤ 宋镇豪、刘源：《甲骨学殷商史研究》，福建人民出版社2006年版。

足,另一方面可以为深化商代官制的研究提供一种新的路径。①

一、商代官员的入仕、升迁、贬谪、罢黜和致仕

我们将从入仕、升迁、贬谪、罢黜、致仕和职务变动六个方面,来探寻商代仕宦情况。这里单列一条"职务变动",用于专指官职平级流动或看不出升降的情况。

从人生的历程来看,商代有些人最初并没有担任官职,后来却变成了官员。《史记·殷本纪》记载了商王武丁求贤之事:

> 于是乃使百工营求之野,得(傅)说于傅险中。是时说为胥靡,筑于傅险。见于武丁,武丁曰是也。得而与之语,果圣人,举以为相。(《史记·殷本纪》)

《史记集解》引孔安国曰:"傅氏之岩,在虞虢之界,通道所经,有涧水坏道,常使胥靡、刑人筑护此道。"傅说最初为"胥靡",应当没有担任官职,他之后成为成汤的"相",则是一

---

① 有学者指出,当前的制度史研究中存在把活生生的现实问题抽象成干涩枯燥条文的不足;并指出了解决办法,认为可以从"问题意识"、作为"过程"的制度史、作为"关系"的制度史等方面来推动,从而走向"活"的制度史研究(邓小南:《走向"活"的制度史》,《浙江学刊》2003年第3期)。客观来说,这种不足在商代的官制研究中也是存在的,而其所提出的方法对于推动商代官制研究也是有效的。虽然关于后来历史朝代里官员迁转问题的研究成果很多,但是对于商代的研究却为数寥寥。在这种情况下,从仕宦的角度来研究商代官制,可谓是把商代官制研究推向灵动的一次尝试。

个很重要的职务。在傅说身上，实现了从非官员到官员的转变。《史记·殷本纪》也记载了成汤时期女鸠、女房的故事，"伊尹去汤适夏，既丑有夏，复归于亳。入自北门，遇女鸠、女房。作《女鸠》《女房》"，可见二人曾被成汤知遇。《路史·后纪十四》对二人有更详细的记载：

> 桀俞自贤，矫诬上天，简贤附势，率遏众力，穷父兄，耻功臣，不任其遇。女鸠、女方（房），夏贤臣也，亦遂去之。贽既丑夏，三年复归于亳，遇诸北门，蝉连叹，知夏命之将坠也，乃遂相商。

这段材料似乎可信。"遂去之"是指"鸠、房二人或被夏桀放逐"。[1] 女鸠、女房虽本为"夏贤臣"（即有一定级别的官员），但被夏桀放逐之后，职务应当随之被剥夺，只是一般的平民了。他们二人后来入商，被伊尹"遇诸北门"，再后来"相商"，从而成为商朝的重要官员。[2] 如此，女鸠、女房二人也实现了从非官员到官员的转变。商末时期，有一些身为逃亡罪人的"四方之多罪逋逃"[3] 之人，获得了商王纣的信任，"是崇是长，是信是使，

---

[1] 韩江苏、江林昌：《商代史·卷二：〈殷本纪〉订补与商史人物徵》，中国社会科学出版社2010年版。

[2] 《史记集解》引孔安国也谓"鸠、房二人，汤之贤臣也"，可见二人后来确实被任用。这也旁证《路史》的这段记载是有根据的。

[3] "多罪逋逃"，孔安国解释为"逃亡罪人"。

是以为大夫、卿士"①，即成为大夫、卿士之类的官员，从某种程度上讲，也属于"入仕"的范畴。

商代有些已经任职的官员，在仕宦过程中，职务获得了升迁。《墨子·尚贤中》记载：

> 伊挚，有莘氏女之私臣，亲为庖人。汤得之，举以为己相，与接天下之政，治天下之民。

以上的"庖人""不是一项具体的劳作，而应是一个官职"②。"相"也是官职，级别要高于"庖人"很多。伊尹从"庖人"到"相"，职务显然升迁了。在武丁时期的甘盘身上，可能也发生了类似的升迁情况。《竹书纪年》谓"（小乙）六年，命世子武丁居于河，学于甘盘"；《汉书·古今人表》中也有"甘盘"，颜师古注曰："武丁师也。"甘盘在小乙的时候，似乎只是一名普通的官员，可能因为贤能，小乙安排他来教育武丁。到了武丁时期，甘盘的职务明显提升。《竹书纪年》记载"武丁……即位，居殷，命卿士甘盘"；《尚书·君奭》也谓"在武丁，时则有若甘盘"，孔传："高宗即位，甘盘佐之。"可以看出此时甘盘已经成为一名非常重要的官员。商末的季历也有类似的升迁经历，《后汉书·西羌传》记载：

---

① 孔安国解释为"用为卿大夫，典政事"。
② 杜勇：《清华简与伊尹传说之谜》，《清华简与古史探赜》，科学出版社2018年版。

> 季历遂伐西落鬼戎。太丁之时，季历复伐燕京之戎，戎人大败周师。后二年，周人克余无之戎，于是太丁命季历为牧师。①

季历作为商代周族的领袖，本来只是一般的诸侯，后来因为伐戎有功，被商王太丁任命为"牧师"，职务更加重要，应是一种升迁。商末的费仲、恶来，可能本为级别普通的官员，但因为"善谀""善毁谗"，很得商王纣的信任，纣于是"用费仲为政""又用恶来"（《史记·殷本纪》），此时他们担任的职务一定比之前的重要，也就是说费仲、恶来获得了职务上的升迁。

有的商代官员遭到了贬谪、罢黜。商末的九侯、鄂侯、西伯、箕子，本是诸侯或王子，担任的都是重要的职务，后来却被商纣或"醢"或"脯"或"囚……羑里"或"又囚之"（《史记·殷本纪》），他们的职务应当随着惩罚被罢黜或贬谪。商容也曾被罢黜，《史记·殷本纪》记载"商容贤者，百姓爱之，纣废之"；《韩诗外传》卷二有略详细的记载：

> 商容尝执羽籥，冯于马徒。欲以化（伐）纣而不能，遂去，伏于太行。

以此来看，商容本是商朝的一位重要官员，因为反对商王纣

---

① 后句在《古本竹书纪年》也作："太丁四年，周人伐余无之戎，克之。周王季命为殷牧师。"

被"废"(又云"去"),这实质上是一种罢黜。《史记·殷本纪》中有一段史料,可以旁证当时确实存在对官员的贬罢机制:

> 帝太甲既立三年,不明,暴虐,不遵汤法,乱德,于是伊尹放之于桐宫。三年,伊尹摄行政当国,以朝诸侯。帝太甲居桐宫三年,悔过自责,反善,于是伊尹乃迎帝太甲而授之政。

太甲作为商王,因为"暴虐""不遵汤法""乱德",都会被"放之于桐宫"。那么,一般的官员,如果政绩不好、表现不佳或者对王不忠,完全有可能被贬谪或罢黜。

商代官员在年老的时候,还会致仕。所谓"致仕",即交还官职,也就是退休。《尚书大传·略说》记载:

> 大夫、士七十而致仕,老于乡里。

郑玄注:"所谓里、庶,尹也。古者仕焉而已者,归教于闾里。"可见古代的官员到了一定的年龄就会致仕。殷墟甲骨文中有这样一条卜辞"王后我母娩"(《合集》21068),是武丁贞问其母的分娩之事,这说明"武丁为王的时候其父小乙尚在世。……小乙年老的时候将王位让给武丁"[①]。小乙在世的时候,

---

① 晁福林:《夏商西周的社会变迁》,北京师范大学出版社1996年版。

就将王位传给儿子武丁，那么对于小乙来说就是一种退休。商王如此，官员亦然。《尚书·咸有一德》记载：

> 伊尹作《咸有一德》。……伊尹既复政厥辟，将告归，乃陈戒于德。

伪孔传："告老归邑，陈德以戒。"伊尹"告老"，就是致仕的表现。《礼记·王制》记载：

> 殷人养国老于右学，养庶老于左学。

孔颖达疏引熊安生云："国老，谓卿大夫致仕者；庶老，谓士也。"从这则材料来看，商代的某些卿大夫、士会致仕，他们退休之后，政府分别将其奉养于"右学"和"左学"。

二、商代官员的职务变动

商代官员的平级流动属于"职务变动"的范畴。另外，还有一些官员的职务变化，实在看不出是升迁还是贬谪。为了准确起见，笔者也将其归为"职务变动"。

从传世文献、甲骨文、金文的记载来看，很多商代官员的职务都发生了变动。在戍嗣子鼎铭文（《集成》2708，商代晚期）中，戍嗣子的职务，从"戍"官变为"宰"官，就是一种职务变动。臣辰职务的变化是另一则典型案例。请看以下几篇彝器铭文：

臣辰。佚。父乙。（臣辰父乙尊，《近出》[①]628，商代晚期）

小臣辰。佚。父辛。（小臣辰父辛尊，《集成》5835，西周早期）

唯王大禴于宗周，出饔荼京年，在五月既望辛酉。王令士上眔史寅殷于成周，䢅百姓豚，眔赏卣鬯、贝。用作父癸宝尊彝。臣辰。册。佚。（士上史寅卣，《集成》5421、5422，西周早期）

"臣辰"是商周时期一个史官世家的名号，源自这个家族一个名叫"臣辰"的祖先。[②]从第一篇铭文可以看出，这个家族在商代晚期就已经存在了，那么"臣辰"本人应当生活在较早的时期。在第二篇铭文中，"小臣辰"就是"臣辰"，可见"臣辰"曾经担任过"小臣"职官，他应是在商朝的时候担任该职官的。第三篇铭文中的"册"，就是"作册"[③]；这篇铭文的作器者是士上、史寅，担任的都不是"作册"职官，担任此职者只能是"臣

---

① 刘雨、卢岩编著：《近出殷周金文集录》，中华书局2002年版。文中简称为《近出》。
② 王进锋：《金文所见商周时期的臣辰史官世家》，《考古》2013年第11期。
③ 唐兰：《作册令尊及作册令彝铭考释》，《唐兰先生金文论集》，紫禁城出版社1995年版。这种看法被学者们广泛接受，如张懋镕：《试论商周青铜器族徽文字独特的表现形式》，《文物》2000年第2期，等等。

辰"。臣辰担任"作册"的时期也只能在商代。臣辰担任"作册"和"小臣"职务的先后顺序不好判断，但无论谁前谁后，他的职务都发生了变动。口是职务发生了变动的第三例商代人物。殷墟甲骨文中有如下几条卜辞：

癸未卜，口，贞：旬亡囚。（《合集》31442，何一）
癸巳卜，口，贞：旬亡囚。（《合集》31446，何一）
其比犬口擒有狐，允擒。兹用。（《合集》28316，无名）
☒督犬口比屯日☒。兹用。（《合集》27751，无名）
丁巳卜，惟小臣口以匄于中室。兹用。（《合集》27884，无名）
惟小臣口。（《合集》27889，无名）

以上一、二条卜辞中的口担任的是"贞人"职官；这两条卜辞是何一类卜辞，时代大致在祖甲晚期至武乙之初[1]。三、四条卜辞中的"犬"是职官名；这两条卜辞为无名类卜辞，在时代上有很多和何一类卜辞处于同期。所以，"犬口"和贞人"口"可能是一个人。五、六条卜辞均为无名类卜辞；有学者指出"小臣口"和贞人"口"是一人[2]。以上六条卜辞可以分为三组，一、

---

[1] 黄天树：《殷墟王卜辞的分类与断代》，台北文津出版社1991年版。
[2] 饶宗颐：《殷代贞卜人物通考》，《饶宗颐二十世纪学术文集（第二册二卷）》，台北新文丰出版有限公司2003年版。齐文心：《关于商代称王的封国君长的探讨》，《历史研究》1985年第2期。

二为一组，三、四为一组，五、六又为一组。这三组卜辞的先后顺序不好判断，即说不清口担任贞人、犬、小臣的先后顺序，但无论如何，口身上都有着较为复杂的职务变动。

　　商周鼎革之际，还有一些商代官员的职务以特殊的方式发生了变动。商纣之时，"殷之大师、少师乃持其祭、乐器奔周"（《史记·殷本纪》），大师、少师是商朝管理祭祀、音乐的官员，他们来到周王朝之后，应当被任命了官职。微史曾在商王朝任史官，他后来"来见武王，武王则令周公舍寓于周俾处"（史墙盘，《铭文选》[①]225，西周中期），他在周王朝应当也被任命了一定的官职。宅曾在商朝担任"作册"（作册宅方彝，《西清古鉴》13·6，商代晚期），他后来进入了周王朝，被称为"作册度"（《尚书·顾命》）[②]，继续担任之前的职官。灭商后，周武王"乃命南宫百达、史佚迁……三巫"（《逸周书·克殷解》），即将商朝的多个巫官带到了周王朝继续任用。大师、少师、微史、宅、三巫这些人，本是商王朝官员，后来都到了周王朝任职。不管他们担任的是不是之前的职务，他们的职务都实质性地变动了。在商周更替之际，他们的职务变动，是以一种特殊的方式发生的。

---

① 马承源主编：《商周青铜器铭文选（三）》，文物出版社1988年版。此处简称《铭文选》。
② 于省吾指出："《尚书》度多与宅通，古文作宅，今文作度。作册宅，宅乃作册之名。命作册宅，犹言命宅为作册。……《西清古鉴》卷十三·六页有作册宅彝。……与此作册宅为一人。当无疑也。"（于省吾：《双剑誃群经新证·双剑誃诸子新证》，上海书店出版社1999年版）可见"作册度"和"作册宅"是一人。

说到商代官员的职务变动，以下两类现象不得不引起我们的注意：

（一）商代有些官员，职务虽然没有变化，但是却从事本职以外的职事。作册般就是这样的情况。请看以下卜辞：

☐叀作册般戬（菝）秜☐。大吉。①

上辞中的"菝"意为芟除草木，"秜"意为耕种②。以上第一条卜辞就作册般芟除草木、开展耕种的活动进行占卜。一般认为"作册"是史官类的官员，但在这里却从事耕作的事务，明显是从事了本职以外的职事。

（二）商代还有一些官员在不同的场合，所从事的职事不同。卓就是如此。请看下列卜辞：

癸酉，卓示十屯。耳。（《合集》4070白，宾三）
甲寅，犬见。卓示七屯。允。（《合集》6768白，宾三）
甲寅，犬见。卓示七屯。（《合集》6769白，宾三）
乙亥卜，宁，[贞：]☐卓入☐。（《合集》4081，宾三）
卓入五。（《合集》9226反，宾一）

---

① 孙亚冰：《论一版新见无名类卜辞中的"作册般"》，《"古文字与出土文献"青年学者论坛（2019）论文集》，上海古籍出版社2023年版。
② 裘锡圭：《甲骨文中所见的商代农业》，《裘锡圭学术文集·甲骨文卷》，复旦大学出版社2012年版。

前三条卜辞的大意是外族人和犬族进贡，皋负责检视进献的物品，耳、允记录，那么，皋应在商王朝担任"贞人"职官。在后两条卜辞中，皋要向商王朝入纳物品，他已经是外服首领。前三条卜辞应是一组，后两条卜辞是另一组。这两组卜辞的先后顺序不好确定，即皋先在外服还是内服不好确定，但他身上的职事一定发生了变化，这种变化背后应当是他职务的变动。并，是另一位这样的人物，殷墟甲骨文记载：

并示五十。(《合集》12522反，甲桥刻辞，宾一)

丙子，并示□。(《合集》4393反，宾三)

并示。(《合集》16750反，宾三)

并入十。(《合集》17085反，典宾)

贞：并弗其以，有取。(《合集》9105反，典宾)

并□犬二十。(《合集》2827反，宾三)

并入□。(《合集》9248，甲桥刻辞，自宾间A)

贞：并来。(《合集》4395，自小字)

叀并令省廩。(《合集》33237，历二)

典宾类卜辞的时代主要是武丁时期，部分可下延至祖庚之世；宾一类卜辞的时代是武丁中期；自宾间A类卜辞时代是武丁中期；自小字类卜辞时代是武丁晚期；历二类卜辞的时代是武丁晚期到祖庚时期。①这些卜辞在时代上重合或前后相接，因而并当是一人。在第一、二、三条卜辞中，并要检视甲骨。在第四、五、六、七、八条卜辞中，他则要进贡物品。在第九条卜辞中，他要巡视仓廪。可见并所从事的事务有了较大的变化。

　　出现这两类现象的原因是复杂的。有的是因为官员们的职务确实发生了变化，从而导致了职事的变迁。有的则是职务没有变化，只不过兼理其他的事务；在这种情况下，管理多种事务的经历，无疑可以锻炼这些官员的能力。还有的则是因为商代的职官分工不明确，某个职官也会管理本该其他职官做的事情；在这种情况下，日渐复杂的职务交叉，会导致官制的混乱和管理的不便，最终反而会促使官职的职务逐渐明确化和分工的渐趋细致化。这应该是商代官僚制度在整个中国古代官制史上的阶段性特征。

　　总之，过去虽然关注商代官制的学者很多，但他们关注的往往是官职名称、种类、体系、职责范围等静态的问题，缺乏动态的视角。在这种背景下，讨论仕宦问题，无疑能弥补前人的不足，并能为深化商代官制研究提供新的视角。从具体的人物实例来看，商代官员在仕宦生涯中，存在着较为灵活的入仕、升迁、贬降、罢黜、职务变动和致仕现象。

　　商代官员仕宦的有些方面，如致仕，是自然原因导致的，但

---

① 黄天树：《殷墟王卜辞的分类与断代》，台北文津出版社1991年版。

是更多的则是现实政治的需要推动的。商代的各级政府需要优秀的、合适的、忠心的官员在恰当的位置上，需要把不优秀的、不合适的、不忠心的官员从特定的位置上赶走。这些会直接导致非官员的入仕和官员的升迁、贬降、职务变动和罢黜。

从现象看本质，商代仕宦情况说明，现实的变化和需要推动了商代官制的发展，使其在较早的时期就呈现出较大的灵活性。这种灵活性在某种程度上也启发了以后历史时期里官僚制度的发展。

商代官员受到的监督

商王实际上是商朝权力最大的官员。即使这样，商王在行使权力的过程中也会受到监督。这种监督大致来自四个方面：

第一方面是来自自己。各代的商王都以夏朝灭亡为教训，如商汤所意识到的夏朝灭亡原因是"夏王率遏众力，率割夏邑，有众率怠弗协"（《尚书·汤誓》），即夏桀耗尽民力，危害夏朝都城，民众大多疲怠不愿拥护他。夏朝灭亡的教训可以说是每位商王心里的警醒牌，"见于西邑夏，自周有终，相亦惟终；其后嗣王罔克有终，相亦罔终。嗣王戒哉！祗尔厥辟，辟不辟，忝厥祖"（《尚书·太甲上》），西方的夏王，自始至终坚守忠信而得善终，辅佐他的人也得善终；夏朝的后继君王夏桀没有善终，辅佐之人也没有善终；我们后继之王要以此为警戒，要恭敬自己的君位，如果君王没有君王的样子，就会辱没自己的祖先。所以各代商王知道，如果希望守住社稷，传承万世，就得体恤民众。这种自我监督是促使他们正确行使权力的一种无形力量。

第二方面来自神灵。商人特别信奉神灵，孔子曾经对商人极度尊奉神灵的现象进行了概括，"殷人尊神，率民以事神，先鬼而后礼"（《礼记·表记》）。这种对神灵的信奉在商王行使权力的过程中也有所体现。商王武丁在位的时候，有一次祭祀成汤，第二天"有飞雉登鼎耳而呴"（《史记·殷本纪》），即有一只雉鸡飞到祭祀成汤的青铜鼎的耳朵上鸣叫。武丁非常紧张，认为这是成汤在责怪自己。这时祖己告诉武丁不需要紧张，只要"先修政事"，这种凶相自然会化解。武丁照着做，果然使得"殷道复兴"。从这件事情上我们可以看出，当时的神灵祭祀也能对商王行使权力起到一定的约束作用。

第三方面来自大臣。商朝前期，商王太甲继位之后，"不明，暴虐，不遵汤法，乱德"（《史记·殷本纪》），结果被当时的商王朝重臣伊尹流放到了桐宫。在太甲流放期间，商王朝由伊尹"摄行政当国"。可见当时的商王也要受到一定的监督，如果行使权力没有法度则会被流放。太甲在桐宫流放了三年，在这个过程中，他逐渐悔过自新，"返善，于是伊尹乃迎帝太甲而授之政"。从甲骨卜辞来看，伊尹并没有因为这三年的摄行政当国，而受到后来商王的贬斥，反而受到级别很高的祭祀。可见后来的商王也认同伊尹的这种做法。"伊尹放太甲"的史事发生在商朝早期，这对后来的商王都是一种警示。在商朝末年，商纣曾经淫乱不止，微子数次劝谏，比干也强行劝谏。虽然微子后来离开了商国，比干被商纣处以极刑，但是从他们劝谏的事迹上可以看出，大臣可以对商王进行监督。

第四个方面来自民众。商王盘庚将都城迁到殷之前，曾召集民众议事，将迁都的理由和决定分别告诉民众。这种向民众汇报的背后是民众对商王有一定的监督权。

商朝的各级官员也会受到各种监督。

早在尧舜时代，尧就对舜提到了为政之道，其中有一项是对官员的考核，内容是："三载考绩。三考，黜陟幽明。"（《尚书·舜典》）孔安国解释这句话为"三年有成，故以考功九岁，则能否幽明有别。黜退其幽者，升进其明者"。根据这个原则，在当时就应该有官员因为政绩庸劣而遭到黜退，有官员因为政绩优异而得到升迁。这种对官员的考核和升迁机制，应该被后来的王朝——包括殷商王朝——所沿袭。这种考评的机制是监督各级官员最直接的制度。

商王会对官员进行监督。商王武丁继位之后，曾经"三年不言，……以观国风"（《史记·殷本纪》），武丁这三年实际上在观察各级官员的情况，从而可以在开口执政后，能更好地任用和罢黜官员。果然，武丁开口执政后，行政的效果得到极大改善，"言乃雍"（《尚书·无逸》）。武丁"以观国风"的行为，实际上就是对官员进行监督的一种方式。

商代还会制定一定的法律来监督官员。战国时期的文献《墨子·非乐》中有这样一句："先王之书，汤之官刑有之。"此处的官刑应当就是专门用于监督官员的法律。从这则材料中可以看出，商汤的时候已经制定了这样的法律。商王太甲在位时，伊尹"制官刑，儆于有位"（《尚书·伊训》），就是制定了监督官员的法律，来惩戒违法的官员。商代中后期的君王盘庚曾经明言"邦之不臧，惟予一人有佚罚"，盘庚所受惩罚的凭借应就是针对官员的法律。

针对官员违法情况实施惩戒，前已述及，见第二章《商代的制度》中《商代的法律制度》。

第四章

商代的甲骨文

甲骨文，又称"契文""甲骨卜辞"或"龟甲兽骨文"。[①]

商朝的人迷信鬼神，无论大事小事都要卜问，占卜的内容有些是问天气，有些是问农作物收成，也有问病痛、生子的，有些是关于打猎、作战、祭祀等大事。他们占卜完之后往往将内容记录在甲骨上，这就形成了甲骨文。

传世文献对于商朝的记载比较稀少，因而除了重要事件，人们对于商代历史细节的认识非常缺乏。19世纪末以来，陆续发现和公布的商代甲骨文无疑为我们进一步认识殷商历史提供了宝贵的材料。

甲骨文的制造过程

商朝的人们特别尊崇神灵，如文献所反映的，"殷人尊神，

[①] 本章的撰写参考了王宇信、杨升南《甲骨学一百年》，王宇信《甲骨学通论》，沈之瑜《甲骨学基础讲义》，吴浩坤、潘悠《中国甲骨学史》，宋镇豪、刘源《甲骨学殷商史研究》等论著。

率民以事神，先鬼而后礼"（《礼记·表记》）。这种尊崇行为最明显的表现就是：日常生活中的事务，无论大小，商人都要向神灵进行占卜，以决定做还是不做。

商人的占卜行为往往是通过兽骨和龟甲来完成的。他们先对占卜用的骨甲进行祷祝，以使其灵验；同时，问卜者说出要卜问的事情。接着，商人对骨甲进行祭祀。然后，他们用烧热的树枝对加工好的兽骨或龟甲进行烫灼，这样兽骨或龟甲上就会出现裂纹，就是所谓的"兆"。兆形往往有吉凶之别。商人据之来判断所贞事情的情况。最后他们把所贞问的内容和结果刻到这个兽骨或龟甲上。这样甲骨文就出现了。

《礼记·表记》有关"殷人尊神，率民以事神，先鬼而后礼"的记载

以上是占卜大致的过程。具体来说，商人的占卜分为以下一些步骤：

（一）选取兽骨和龟甲。安阳当地出土的卜用兽骨，主要选自牛的肩胛骨，但也有少数是羊、鹿、猪、象的肩胛骨。如《甲骨文合集》13758正、反拓片显示记录此篇刻辞的原骨骨臼特别

巨大，骨面呈三角形，与象骨相似，应当就是象的肩胛骨。[①]占卜使用其兽骨的动物主要来自中原和北方地区。

关于卜龟的产地，胡厚宣指出："由南方之长江流域而来，尤以来自南方者居多。"[②]严一萍根据河北磁县下七垣遗址、藁城台西商代遗址、邢台地区的商代遗址、北京房山琉璃河遗址、北京昌平白浮西周墓出土龟甲的事实，认为商代的部分卜龟应当来自北方。[③]另外，商代的王畿地区也产龟，位于今山西、山东等地的方国也向商王朝进贡卜龟。可见商代卜龟的来源比较多元。

（二）整治甲骨。牛肩胛骨收集到后，先进行脱脂。牛肩胛骨由骨臼（关节窝）和骨扇构成。对于牛肩胛骨的整治，首先将反面的骨臼削去一半或三分之一，使之成月牙形；其次，将臼角向下向外切去，使之成直角或锐角；再次，使臼角缺口之横边与骨版顶端的宽度之比为三分之一。

龟甲分为龟腹甲和龟背甲。关于龟腹甲的整治，一般甲首里面均铲平，不留边缘，甲桥只留一小部分，甲桥和腹甲连接处呈钝角，边缘呈弧线状。对于龟背甲的整治，一种方法是从中脊锯开，一分为二，边缘经修整刮磨，近梭形。另一种是在对剖后，又锯掉首尾两端，再将边缘修整成弧形，整个形状近似鞋底，有

---

① 金祥恒：《甲骨文中的一片象肩胛骨刻辞》，《文物与考古》1986年第1期。
② 胡厚宣：《殷代卜龟之来源》，《甲骨学商史论丛初编》，河北教育出版社2002版。
③ 严一萍：《甲骨学》，台北艺文印书馆1978年版。

龟腹甲反　　　　　　　　　　龟腹甲正

的还在中部凿圆孔。用后一种方法整治成的龟背甲，通常称为"改制背甲"。

（三）制作钻凿。兽骨和龟甲本身很厚，在烧灼时很难出现兆纹，因而就无法据之判断一件事的吉凶。正因为此，需要在兽骨和龟甲上制作钻凿。

钻凿制作有一定的规律性。它们通常位于甲骨的背面，圆形的称钻，椭长形的称凿。其中钻的制作方法有三种：一是用钻子钻，用实心的小圆棒在卜骨上旋转而成；二是先用轮开槽，再以刀加工，使得钻内侧与凿相连接；三是用刀子刻挖。凿的制作方法有：用刀挖刻和用轮开槽。

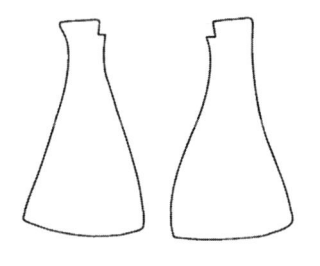

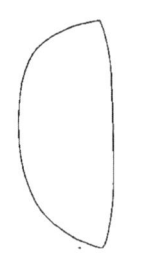

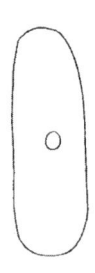

整治的牛肩胛骨形状　　　整治的龟背甲形状　改制的背甲形状

（四）对甲骨进行烧灼。对甲骨进行烧灼才真正进入了卜的阶段。钻是烧灼之处，所以称为"灼钻"。用一根烧热的圆柱形树枝对钻进行烧灼。烧灼之后，甲骨上会出现裂纹。这些裂纹通常被称为"兆"。商人会根据兆来判断所卜问事情的吉凶。

（五）在甲骨上刻录下占卜的内容。甲骨上出现兆之后，通常要把占卜的内容刻录到甲骨上。卜辞通常刻在兆的附近。

商代刻录卜辞的工具应当和整治甲骨的工具一样，是一些坚硬的玉石或带锋刃的金属工具。在殷墟出土著名大龟四版的地方，曾经发现一把小铜刀，这应当就是契刻卜辞所用的工具。

值得注意的是，甲骨文中有极少数的卜辞是用笔书写上去的，有的呈红色，有的呈黑色。这一类用笔写的字有自己独有的特征，字特别粗大，多数写在甲骨的背面。另外，甲骨文还有少数卜辞会涂朱或涂墨，这样做并不是为了美观，而是大小字有区别，其中，往往大字填朱，小字填墨。

下面我们来看甲骨文的格式。

一条完整的卜辞通常包括叙辞、命辞、占辞、验辞四个部分，有时还包括兆序、兆辞。请看以下一例：

癸丑卜，争，贞：（叙辞）自今至于丁巳，我戋宙。（命辞）王占曰：丁巳我毋其戋，于来甲子戋。（占辞）旬有一日癸亥，车弗戋，之日至甲子允戋。（验辞）一二。（兆序）（《合集》6834）

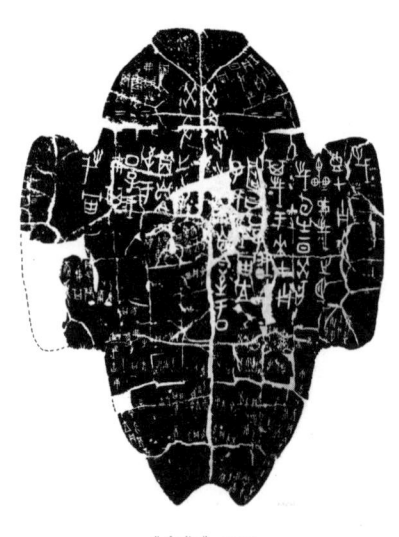

《合集》6834

叙辞，也称前辞，是卜辞最前部记录占卜日期和贞人名的部分。命辞，也称贞辞，是卜问的内容。占辞是根据兆纹而决定事情是否可行的判断和预测，这是占卜的结论部分。验辞是日后对事情应验的追记，这部分不是占卜当时所刻。兆序是卜辞兆纹旁的数字，用以标明占卜时的次序；兆序很容易被人忽视，但是它是很重要的内容，不注意兆序，就会把很多卜辞混淆起来。兆辞，或称兆记、兆语，是卜兆的专用语，刻于卜兆旁。如"一告""二告""吉""引吉""大吉"和下引卜辞中的"䄚䇂"等，是具有约定俗成意义的恒语。

有的卜辞中还有署辞，是贡龟、治龟及整治之后，甲骨的保管人的签名，与卜辞内容没有直接的联系。

然而，像上辞中诸辞齐全的卜辞其实是少数，多数卜辞只记录其中几项，如：

癸巳卜，㱿，贞：（叙辞）旬亡咎。（命辞）王占曰：有［祟］，其有来艰。（占辞）迄至五日丁酉允有来艰，自西，沚貳告曰：土方征于我东鄙，［戈］二邑。舌方亦侵我西鄙田。（验辞）（《合集》6057正）

癸未卜，㱿，贞：（叙辞）旬无咎。（命辞）王占曰：桎乃兹有祟。（占辞）六日戊子，子弹死。一月。（验辞）（《合集》10405正）

丙戌卜，㱿，贞：（叙辞）翌丁亥侑于祖丁。（命辞）（《合集》849正）

《合集》6057正　　　　　　　　《合集》10405正

贞：(叙辞)州臣得。(命辞)㗊。(兆辞)(《合集》850)

殷墟甲骨文可以分为四类，第一类为卜辞；第二类是记事刻辞，其中又分为记录与甲骨材料相关事务的记事刻辞和特殊记事刻辞；第三类是干支表；第四类是习刻卜辞。在这四类卜辞中，第一类是主流，占绝大多数，上文所引的卜辞都属于此类；后三类只占很少一部分。

记录与甲骨材料相关事务的记事刻辞有五种：[1]

（一）甲桥刻辞。刻于龟腹甲两边的甲桥上，内容多是记录龟甲的来源，如《合集》5298记载的"雀入二百五十"。（二）甲尾刻辞。刻于龟腹甲正面的尾部，主要记录某人入贡龟甲，如"册入"（《屯南》2768）。（三）背甲刻辞。刻于龟背甲的背面近锯缝处，大致也是记录某人入贡龟甲，如《合集》1823反记载的"小臣入二"。（四）骨臼刻辞。刻于牛肩胛骨的骨臼之中，所记之事往往与卜辞无关，如《林》1·19·1记载的"庚午，示三屯，岳"。（五）骨面刻辞。刻于骨面下方宽薄一端，记录与卜辞不相干之另一事件，如《续》6·24·9记载的"妇羊示十屯"。

记录特殊记事刻辞的材料也比较特殊。大约有以下几类：

第一类为人头骨刻辞。刻于商王国敌方首领的头颅上。据专

---

[1] 胡厚宣：《武丁时五种记事刻辞考》，《甲骨学商史论丛初集》，河北教育出版社2002版。

家统计，目前大约有十五片人头骨刻辞。《合集》38758就是其中典型的一片，其内容"夷方伯……祖乙伐"，大意为杀掉夷方的首领以祭祀祖乙，并把刻辞记录在他的头骨上。

第二类为虎骨刻辞。殷墟出土的所有甲骨中，目前所知只有一例虎骨刻辞，现藏加拿大多伦多皇家安大略博物馆，刻辞内容著录于《怀特》1915，为："辛酉，王田于鸡录（麓），获大氋虎，在十月，唯王三祀肜日。"大意为帝乙三年十月辛酉，商王在鸡麓狩猎，捕获猛虎一头，用虎骨制作成进食的骨栖。

第三类为兕（sì，一种野牛）骨刻辞。《佚存》518是一片兕骨刻辞，它就是著名的宰丰骨刻辞。其内容为："壬午，王田麦录（麓），获商戠兕，王赐宰丰寝小帮贶，在五月，唯王六祀肜日。"大意为在帝乙六年五月壬午，商王在麦麓田猎，捕获一只兕，商王赏赐给宰丰物品。

第四类为鹿头骨刻辞。目前所知有两片鹿头骨刻辞。《甲》3941就是一片鹿头骨刻辞，内容为"己亥，王田于绕……在九月，唯王十……"，大意可能为商王在征伐敌方归国的途中捕获了鹿。

第五类为家谱刻辞。最著名的当是儿氏家世系谱，著录于《英藏》2674。然而，学术界对于这片家谱刻辞的真伪，仍然有争论。

第六类为祭谱刻辞。专门记录祭祀商王先公先王的次序。祭谱刻辞的最大意义在于有力地证明了《史记·殷本纪》中殷商世系的可信。

082 | 镌刻在甲骨上的史诗：殷商

宰丰骨刻辞　　　　　　　鹿头骨刻辞

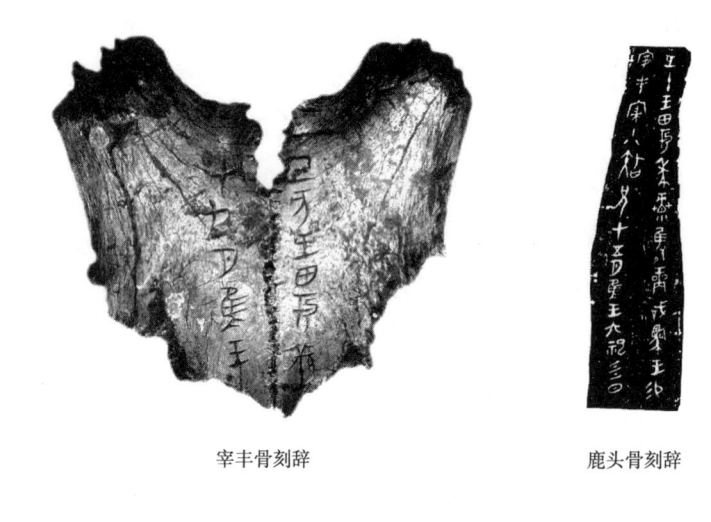

家谱刻辞与拓本及隶写（采自陈光宇：《儿氏家谱刻辞综述及其确为真品的证据》，http://www.gwz.fudan.edu.cn/SrcShow.asp?Src_ID=1715）

另外，特殊记事刻辞还有牛距骨刻辞、兕头骨刻辞、骨符、鹿角器刻辞等。[①]

还有干支表，列六十干支于刻辞上。有多种形式，有的就是作为备忘日历所用的。

还有习刻，是商人用废弃或已用过的卜骨来练习刻字。在内容上，卜辞、记事、干支表均有。习刻又分为习字之刻、习辞之刻和示范之刻。[②]《合集》33208就是一片习刻刻辞。

甲骨文的埋藏、破坏和发现

商人的占卜并不都是在商都进行的。商王有时会外出田猎、征伐，他和身边负责占卜的人就会在当地进行贞卜。甲骨文中有很多"在某卜"的卜辞就是在商都以外进行的卜问。殷墟甲骨文中还有一组帝辛十年征伐人方的卜辞，这些卜辞的日期前后相连，每条卜辞中的地点也相隔不远。这些卜辞明显是在征伐人方的过程中占卜的。然而，这些卜辞最终还是在殷墟出土，说明它们还是由专人负责运回了商都。

那么，商人占卜完毕以后，甲骨怎么处理呢？

绝大部分的甲骨被精心地存储和埋藏起来。《礼记·曲礼》记

---

① 王宇信、杨升南主编：《甲骨学一百年》，社会科学文献出版社1999年版。
② 刘一曼：《殷墟兽骨刻辞初探》，《殷墟博物苑苑刊》创刊号，中国社会科学出版社1989年版。

载"龟策敝则埋之",郑玄注"不欲人亵之也",可见古人有埋藏占卜用龟的传统。著名的殷墟YH127坑曾出土龟甲一万七千多片、卜骨八片。这批甲骨在时间上跨越了三十多年,然而,却被一次性地倒入此坑,说明当时有一个先收集再埋藏的过程。这个坑中还出土了一具人骨,可能是掌管甲骨的人死后埋在了那里。所有这些都说明这批甲骨是被精心埋藏的。另外,殷墟有多个灰坑出土了不同时期的甲骨,这些灰坑应当就是专门用来储藏甲骨的。还有,殷人在商纣灭亡的时候,不忍卜骨沦没,这个时期他们应当也埋藏了一批甲骨。[①]

《礼记·曲礼》有关"龟策敝则埋之"的记载

有一部分无关大体的甲骨被丢弃或废置。在安阳殷墟,许多不是专门放置甲骨的坑、沟和建筑基址都能发现零星甲骨。这些甲骨在当时应该是被丢弃或废置的。

还有小部分甲骨被再次使用。甲骨文中很多习刻卜辞都是刻在已经有字的甲骨上,这些应当就是对之前甲骨的再次使用。《甲》2692+2880正面(由

---

① 陈邦福:《商代失国霾卜考》,《中山大学语言历史研究所周刊》1928年第30期。

《甲》2692和2880拼合而成）有十条卜辞，其余四十段文字都是学习者仿照这十条卜辞而刻的，这就属于甲骨再次使用的情况。

商代的甲骨经过以上三类不同方式的处理后，最终还都被埋藏到了殷墟等处的地下。

商代的甲骨文从最初被埋藏到清末被识别公布，中间相隔数千年的时间。这期间，甲骨并不是一直完好地沉睡在那里，而是经历了不少的破坏。

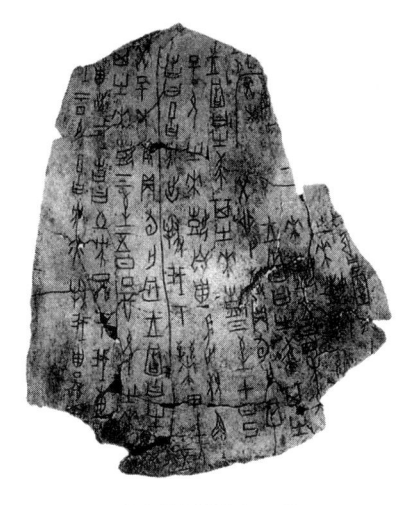

牛肩胛骨刻辞（正面）

秦汉时期，各地有古器物出土。东汉时期著名的学者许慎在《说文解字》中说，当时各地郡国经常能从山川中获得青铜器，上面还有文字，皆为汉以前的古文。那时，还有一些人能看懂这些文字。如汉武帝曾拿自己收藏的一件有铭青铜器向李少君询问，李少君一下就看出这是齐桓公时期的器物；汉宣帝时期在今陕西武功出土了一件青铜鼎，大臣张敞通过上面的铭文知道这是西周时期的周王奖励大臣的器物。封建帝王也视这些器物为祥瑞。我们知道殷墟不仅埋藏了甲骨，也有很多的青铜器。在秦汉重视出土器物的风气下，当时应当有一些人来安阳殷墟挖掘青铜器，这当中一定有甲骨出土。

隋唐时期，殷墟之地成为人们埋葬死去亲人的墓地。从后来的考古发现看，很多墓葬就集中在甲骨文出土较多的小屯村的村中和村北。可以想见，这些人在挖墓的过程中，一定破坏了很多甲骨文。宋代的达官贵人有收集古器物的风尚。当时出版的金石方面的书籍记载殷墟有古器物出土，这当中应该就有甲骨相伴出土。明代中后期，逐渐有人迁移到殷墟一带居住。这些人在建房、耕地和丧葬的过程中一定会发现很多的甲骨，然而，因为不认识上面的文字和不知道它们的价值，这些甲骨很多都遭到了毁坏。

在古代，西药还没有传入中国，人们是用中药来治病的。在中药中，有用脊椎动物的骨骼化石研磨成的"龙骨"入药，来治身体虚弱等疾病的处方。在明清时期，龙骨的一个重要来源就是刻有文字的甲骨。

小屯当地经常发现甲骨，这些甲骨上面有的有字，有的无字。村民经常挖掘甲骨来出售，但因为有字的不好卖，所以他们往往先将上面的字刮去再卖。有个叫李成的村民专门收集龙骨卖给药店，每斤得钱六文。这样的事情持续了几十年。可见，出售龙骨的行为对甲骨文破坏很严重，而且毁坏的程度比之前的历史时期更严重。

以上是甲骨文埋藏和破坏的大致情况。下面我们来谈甲骨文的发现。

首先介绍一个人——王懿荣。王懿荣（1845—1900），山东福山（今烟台市福山区）人，字正儒，一字濂生。他于1880年考中进士，授翰林。他酷爱金石文物，曾在多地购求，为了购得文物，经常"典衣以求之，或质他种以备新收"；他还经常与著名的金石学家陈介祺、潘祖荫、吴大澂等人切磋学术，因而对文物的鉴定和文字的考释有较高造诣。1900年，八国

殷墟甲骨窖穴内发掘出土的刻有文字的龟甲

联军进攻北京，身为京城团练大臣的王懿荣以身殉国，他"吞金二钱不绝，复仰药仍不绝，遂入井"（《王文敏公年谱》），是一位视死如归的爱国者。甲骨文最早就是由王懿荣发现的。

关于甲骨文的发现，有这样一个传说。1931年出版的《华北日报·华北画刊》第89期刊登了一篇名为《龟甲文》的文章，作者为汐翁。这篇文章谈到了甲骨文发现的经历。据这篇文章称，光绪二十四年至光绪二十五年（1898—1899），一些古董商人从小屯村收购龙骨，并将它们带到北京出售。1898年，王懿荣检视从北京菜市口达仁堂抓回的中药时，发现其中的一些龙骨上刻有文字，遂发现甲骨文。这种说法影响较大，然而实际是没有确凿证据，不值得相信的。

甲骨文发现的真实情况是：1899年，山东潍县（今潍坊市）古董商范维卿将自己从安阳农民手中收购的甲骨带到北京，请当时的国子监祭酒王懿荣辨识。王懿荣认出这是古代的文字，并高价收购甲骨。至此，甲骨文被正式辨识出来。从此，甲骨文进入挖掘、著录的阶段，从而为甲骨文的科学研究提供了坚实的基础。

甲骨文的著录

甲骨文的著录就是通过墨拓、摹写、拍照、文字叙述等手段把甲骨文材料客观公布在书籍、网络上的工作。在这个过程中，一般也要把甲骨文的形状、甲骨上的卜兆、钻凿和花纹等信息记录下来，从而为相关的研究者提供全面的材料。

关于甲骨文著录的书甚多。我们在此仅谈对于学习和研究甲骨文最重要的几种。

（一）《甲骨文合集》，郭沫若主编，胡厚宣总编辑，中华书局于1978—1982年间陆续出版，共十三册。被誉为甲骨学史上继往开来的里程碑式著作。

《甲骨文合集》共著录甲骨41956号，按照五期的方法进行分类。其中，第一至六册是第一期；第七册为附第一期；第八册

《甲骨文合集》（中华书局出版）书影

《小屯南地甲骨》（中华书局出版）书影

为第二期；第九至十一册为第三期和第四期；第十二册为第五期；第十三册为摹本。

每期按内容又分为四大类二十二小类。四大类为：一、阶级和国家；二、社会生产；三、科学文化；四、其他。二十二小类见下表：

1	2	3	4	5	6	7	8	9	10	11
奴隶和平民	奴隶主贵族	官吏	军队刑罚	战争	方域	贡纳	农业	渔猎畜牧	手工业	商业交通
12	13	14	15	16	17	18	19	20	21	22
天文历史	气象	建筑	疾病	生育	鬼神崇拜	祭祀	吉凶梦幻	卜法	文字	其他

《甲骨文合集》的出版无疑为学习和研究商代甲骨文提供了方便。与《甲骨文合集》相关的还有几部书籍，它们有利于我们更好地了解《甲骨文合集》的状况。首先是《甲骨文合集释文》，由胡厚宣主编，中国社会科学出版社1999年出版，共四册。顾名思义，此书对《甲骨文合集》各片卜辞作了释读。

其次是《甲骨文合集材料来源表》。由胡厚宣主编，中国社会科学出版社1999年出版。分为上、下两编，其中上编两册，下编一册。上编的表格中分"著拓号""选定号""重见情况""拼合号""原骨拓藏""备注"六个部分，对见诸《甲骨文合集》的每片甲骨的著录、拼合、收藏情况进行了介绍。下编则对一些重要著录书中的甲骨在《甲骨文合集》中对应的号码进行了介绍。

再次是《甲骨文合集补编》。由彭邦炯、谢济、马季凡编，语文出版社1999年出版，共七册。

虽然《甲骨文合集》取得了重大的成就，但也有不足。《甲骨文合集》出版前的八十年间，大约出土甲骨十一万多片，已经刊出的约八万片，除去其中的重复著录和伪片，实际刊出了七万片。然而，《甲骨文合集》只收录四万一千九百五十六片，除去其中重合的，经过缀合后，大约只有三万九千二百片。可见，还有很多的甲骨资料没有收录进《甲骨文合集》。

正是在这样的背景下，专家们开始编纂《甲骨文合集补编》。《补编》这套书最终收录甲骨一万三千四百五十片。它一方面增补了《甲骨文合集》拟选用而最终未用的重要资料，另一方面，整理和抢救了在编《甲骨文合集》过程中从海内外收集来但尚未发表的甲骨资料，并对《甲骨文合集》收录的缩小或字迹不清的拓本进行了更换。①

（二）《小屯南地甲骨》，中国社会科学院考古研究所编辑，中华书局出版。分上、下两册，上册为图版，下册为释文、索引及卜骨的钻凿形态等。其中，上册一、二分册1980年出版，下册一、二、三分册1983年出版。

此书共著录甲骨四千六百一十二片。《小屯南地甲骨》一个显著的特点在于，著录的甲骨按照1973年出土时的状况，如灰坑、

---

① 参见彭邦炯、马季凡：《〈甲骨文合集〉的反顾与〈甲骨文合集补编〉的编纂》，《历史研究》1999年第5期。

房基、墓葬、探方等为序编排，从而为研究者提供了可与出土层及有关遗物相互关联的科学资料。它的另一个特点就是对于甲骨钻凿形态的刊布。它刊布了拓本图版三百二十多例、甲骨钻凿摹本图版一百多例。这样全面刊布甲骨的钻凿形态，在甲骨著录史上还是头一次。①

（三）《英国所藏甲骨集》，李学勤、齐文心、（英）艾兰编辑。分上、下编，上编上、下册由中华书局1985年出版，下编上、下册由中华书局1992年出版。此书收录英国现藏甲骨二千六百四十七片，按照五期分法对甲骨进行编排，每期再按内容分为二十类。

英国所收藏的甲骨，有不少原为库寿龄、方法敛、金璋等人早年的藏品，有的也被著录过。相比以前的著录，此书的成就有：收录了很多重要的材料；对过去著录中错误、失摹、漏摹的情况进行了纠正；对一些特别重要的甲骨提供了显微照片。

（四）《怀特氏等收藏甲骨文集》，许进雄编，加拿大多伦多皇家安大略博物馆1979年影印出版。此书共收录甲骨一千九百一十五片，书后为释文。

此书所收录的甲骨，龟甲都用S标出，兽骨用B标出。它先对甲骨进行分期，再在每期内进行分类编纂。

《怀特氏等收藏甲骨文集》在释文中，对有关卜辞作简单释

---

① 晁福林：《评介〈小屯南地甲骨〉》，《考古》1986年第10期。

《殷墟花园庄东地甲骨》书影　　　　　　《英国所藏甲骨集》书影

读后，还描绘了个别甲骨的长凿形态，并将保存完整的长凿绘制简图附于拓本之后。另外，此书中收录了不少重要内容，如B1915是虎骨刻辞，B1914是人头盖骨刻辞。

（五）《殷墟花园庄东地甲骨》，中国社会科学院考古研究所编，云南人民出版社2003年出版。共六册，其中，第一至三册是甲骨拓本、摹本图版，第四、五册是照片图版，第六册是释文和钻凿形态研究，其后还附有部首、字形检字表、字词索引表、笔画检字表四项索引以便读者查阅。

1991年10月，中国社会科学院考古研究所为配合安阳筑路工程，在当地进行钻探时发现了一个长方形窖穴。这个窖穴长两米、宽一米、深两米多。花园庄东地甲骨就埋藏于此。经考古学者最后统计，此穴出土甲骨一千五百八十三片。其中有字者六百八十九片，大部分为有字卜甲，无字卜骨只有五片。最值得

《中国社会科学院历史研究所藏甲骨集》书影　　《史语所购藏甲骨集》书影

一说的是此穴出土有刻辞的完整卜甲达三百多版，数量之多赶得上鼎鼎大名的YH127出土的完整龟甲。这次出土的刻辞甲骨是继YH127坑、小屯南地甲骨之后殷墟发掘史上第三次重大发现。这些甲骨最终都著录于此书中。

此书的编纂亮点有如下几处：首先，吸收了以前著录书的优秀体例，集拓本、摹本、照片、释文、索引于一体，给读者提供了多方位的信息。其次，记录了甲骨上的卜兆、钻凿、龟甲属种等信息，便于作更进一步的研究。再次，以前发现的甲骨往往是商王的卜辞，而此坑中出土的甲骨却全是非王卜辞。

（六）《殷墟小屯村中村南甲骨》，中国社会科学院考古研究所编著，云南人民出版社2012年出版。著录1986至2004年安阳殷墟出土甲骨五百一十五片，是对安阳六个地点考古发掘甲骨资料的又一次集中整理与公布。

（七）《中国社会科学院历史研究所藏甲骨集》，宋镇豪、赵鹏、马季凡编著，上海古籍出版社2011年出版。共三册，上册为甲骨照片，共发布照片二千零二十四片，其中有字甲骨一千九百二十片，碎骨四十一片，无字骨三十三片，伪片三十片；这些照片皆为原大甲骨，分正、反、侧三面。中册为甲骨拓本，著录有字甲骨一千九百二十片。下册为释文，此外还附有来源表、缀合表等内容。

此书著录的甲骨，除已见于《甲骨文合集》和《甲骨文合集补编》的，尚有七百多片是《合集》与《补编》中未被著录的。本书的亮点在于上册的甲骨彩版，客观真实地反映了甲骨原貌、侧面及反面的钻凿等痕迹。

（八）《史语所购藏甲骨集》，台湾"中研院"历史语言研究所编印，文盛彩艺事业有限公司2009年出版。此书刊布了台湾"中研院"历史语言研究所购藏的甲骨中三百三十八片有字甲骨，另外还有李启生拾得的甲骨四十二片，共三百八十片。这些甲骨除一部分已经发表外，多数从未发表。

这本书对各片甲骨以彩色照片（原大）、摹本、拓片三位一体的方式呈现，并附以释文。其中照片是用高分辨率的数码相机拍摄。书中附录有三项内容，分别为"材料来源表""'李启生拾得甲骨'库房典藏号"和"相关照片"。

甲骨文的分期

殷墟甲骨文是商王武丁至帝辛时期的遗物。这个阶段有近两百年，在此期间政治、经济、社会均有变迁。如果把所有的殷墟甲骨文都笼统地看待，或者用一个时期的卜辞去说明另一个时期的历史，必然给历史研究带来讹误。因而，很有必要对甲骨文进行分期断代，以便明确知晓特定甲骨所处的时期，从而更好地了解当时的历史。

另外，随着对殷墟的科学发掘，出土甲骨所在的层位资料，相随出土的器物都得以保留，也为科学地分期断代创造了可能。

系统提出甲骨文分期断代方法的是董作宾。1929年殷墟第三次发掘，出土四块大龟甲。董作宾在考释这些龟甲上面的卜辞时注意到，其间有六个贞人，他们活动于前后相连的九个月里，因而这些贞人必然是同时期的。董作宾据之提出了依照贞人来为甲骨断代的标准。1935年，他在《甲骨文断代研究例》中进一步提出了甲骨文分期断代的十项标准：1.世系；2.称谓；3.贞人；4.坑位；5.方国；6.人物；7.文法；8.事类；9.字形；10.书体。他根据这十项标准，把商的盘庚至帝辛时期划分为五期：

第一期	武丁及其以前（盘庚、小辛、小乙）
第二期	祖庚、祖甲
第三期	廪辛、康丁
第四期	武乙、文丁
第五期	帝乙、帝辛

董作宾依照十项标准进行甲骨分期的具体步骤大致为：

首先，甲骨文中有很多贞人出现于同版甲骨中，这些贞人所处的时代应是相同的。根据这样的关系，董作宾将一些贞人系联为一个集团。再根据这些卜辞中的称谓和商王的世系，确定这个贞人集团的时代，这样就找出了第一期、第三期卜辞。其次，没有同版关系系联的贞人，可根据他们所在卜辞中的商王称谓，确定他们的时代。再把同时代的贞人归为一个集团。这样就找出了第二期贞人集团。当然，甲骨文中的很多卜辞没有贞人，那么就根据卜辞中的字形、字体、方国、人物、事类的联系，找出能归入第一、二、三期的卜辞。最后，根据卜辞中的商王称谓，再根据字形、字体，分出第四期、第五期卜辞。

董作宾定为第三、四期的卜辞，很多上面没有贞人，而文例、字体比较接近。有不少甲骨文刻在骨版正反两面。胡厚宣从而提出把第三、四期并为一期，殷墟甲骨总共分成四期的说法。陈梦家还提出"九期说"，即尽量采用一王一期的分法：第一期，武丁（包括此前的盘庚、小辛、小乙）时期；第二期，祖庚时期；第三期，祖甲时期；第四期，廪辛时期；第五期，康丁时期；第六期，武乙时期；第七期，文丁时期；第八期，帝乙时期；第九期，帝辛时期。然而这种分法操作起来非常困难。因此，陈梦家有时仍然运用董作宾的五期分法，有时还用早、中、晚这样的三期分法。

九期分法完全与王世一一对应，使很多卜辞无法纳入其中；三期是很笼统的分法，并不符合甲骨分期的初衷。很多学者都接受董作宾的五期分法和十项断代标准。

五期卜辞有着各自独特的书体风格，董作宾总结了它们的特征。具体来说，第一期卜辞字体雄健宏伟，有些字笔画虽细，但遒劲有力；骨版黄润光滑，有的朱墨炫彩，甚是美观。第一期卜辞中又有两种字体，一种是武丁大字，另一种是武丁小字。第二期卜辞谨饬守法，字体大小适中，行款整齐。第三期卜辞颇显颓废。这一期虽然有不少工整书体，但是段落参差不齐，不像之前富有规律性；而且错乱、讹误的文字屡见不鲜。第四期劲峭，在纤细的笔画中带有十分刚劲的风格。第五期严整，文字记载比较繁缛，而且行款排列整齐、字形匀整。甲骨文上承原始刻绘符号，下启青铜铭文，它是汉字发展的关键形态。现代汉字就是由甲骨文演变而来的。

第五章

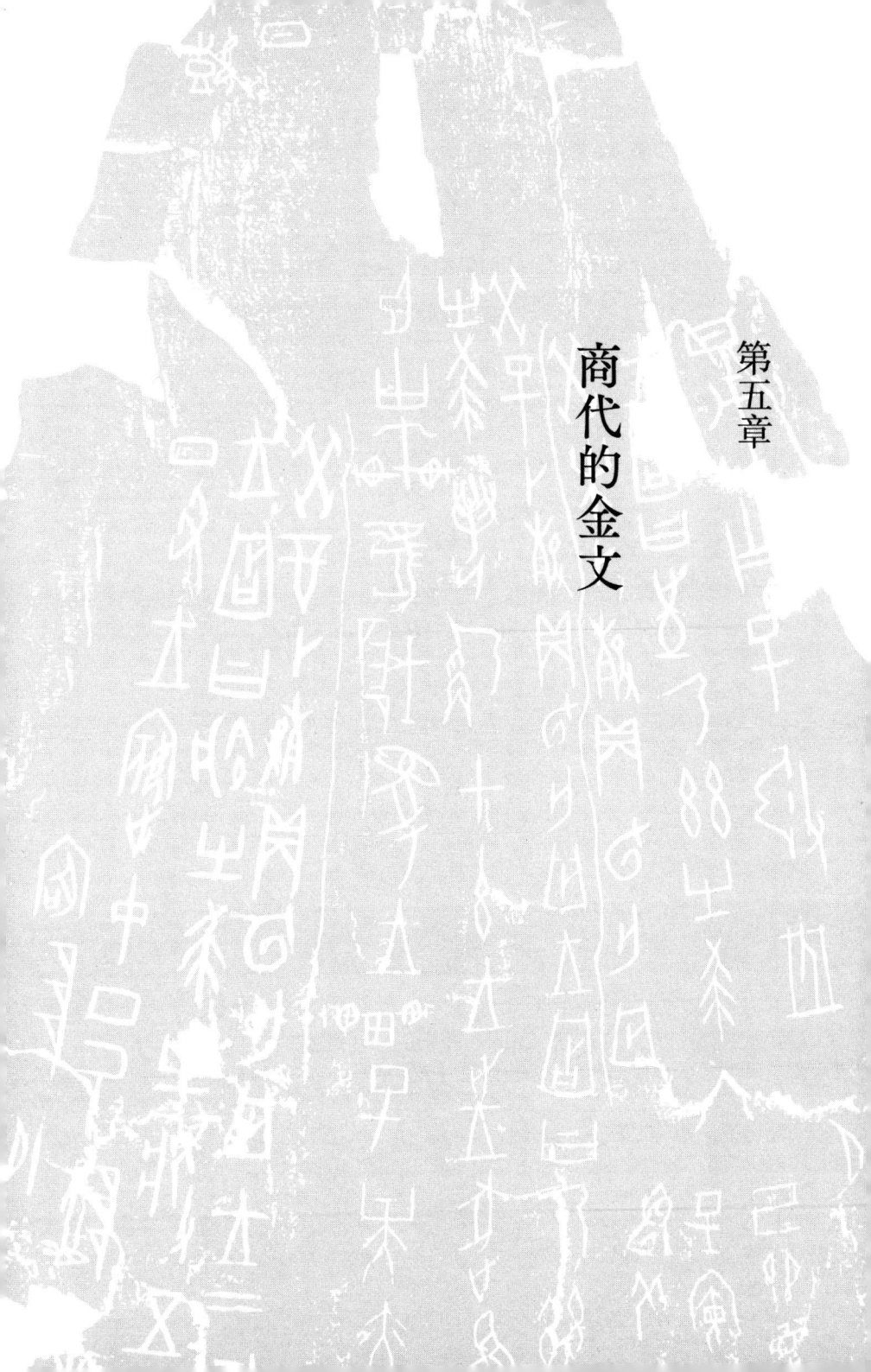

商代的金文

第五章 商代的金文

金文，又称铜器铭文，也叫钟鼎文，是指铸刻在殷周青铜器上的文字。周以前把铜称为金，所以铜器上的铭文就叫作"金文"或"吉金文字"。最早的甲骨文随着殷亡而消逝，金文起而代之，到了周代成为书体的主流，因大量铸刻于钟鼎之上，后世也称其为"钟鼎文"。据考察，商代铜器上刻有近似图画之金文，其后继续演进，至商末，金文已与甲骨文一致。金文至周代而鼎盛，续延至秦汉。金文应用的年代，上自商代早期，下至秦灭六国，约一千二百年。金文的字数，据容庚《金文编》记载，共计三千七百二十二个，其中可以识别的字有

大克鼎铭文　　　　　　　　逨盘铭文

二千四百二十个,较甲骨文略多。金文上承甲骨文,下启秦代小篆,流传书迹多刻于钟鼎之上,所以大体较甲骨文更能保存书写原迹,具有古朴之风格。①

商代青铜器的发现与类型

在汉代的时候就已经有少量商周青铜器出土。《汉书·武帝纪》记载,汉武帝元鼎元年(前116)"得鼎汾水上",五年(前112)六月"得宝鼎后土祠旁"。《后汉书·明帝纪》记载,东汉明帝永平六年(63)"王雒山出宝鼎"。东汉时期的许慎在《说文解字》序中提到:"郡国往往于山川得鼎彝,其铭即前代之古文。"这些铜器应当是商周时期的铜器。汉代人还以出土的商周青铜器作为死后陪葬的物品,如1964年10月在江西南昌老福山的西汉中期墓葬中就发现随葬有商代晚期的铜瓿;1953年11月湖南衡阳蒋家山东汉4号墓出土了商代晚期的铜爵和铜觯。在青铜器屡出的情况下,有些人开始释读和研究铜器铭文,《汉书·郊祀志下》记载:

---

① 本章的撰写参考了朱凤瀚《中国青铜器纵论》、马承源《中国青铜器(修订本)》、严志斌《商代青铜器铭文研究》、陈絜《商周金文》、容庚《商周彝器通考》、李学勤《青铜器与古代史》、赵诚《二十世纪金文研究述要》等著作。

是时，美阳得鼎，献之，下有司议，多以为宜荐见宗庙，如元鼎时故事。张敞好古文字，案鼎铭勒而上议曰："臣闻周祖始乎后稷，后稷封于斄，公刘发迹于豳，大王建国于郊（岐）梁，文武兴于酆镐。由此言之，则郊梁酆镐之间周旧居也，固宜有宗庙坛场祭祀之臧。今鼎出于郊东，中有刻书曰：'王命尸臣：官此栒邑，赐尔旗鸾黼黻雕戈。尸臣拜手稽首曰：敢对扬天子丕显休命。'臣愚不足以迹古文，窃以传记言之，此鼎殆周之所以褒赐大臣，大臣子孙刻铭其先功，臧之于宫庙也。昔宝鼎之出于汾脽也，河东太守以闻，诏曰：'朕巡祭后土，祈为百姓蒙丰年，今谷嗛未报，鼎焉为出哉？'博问耆老，意旧臧与？诚欲考得事实也。有司验脽上非旧臧处，鼎大八尺一寸，高三尺六寸，殊异于众鼎。今此鼎细小，又有款识，不宜荐见于宗庙。"制曰："京兆尹议是。"

此段文献所记载的是东汉时期的史事。从内容来看，东汉时期出土了周代的铜器，张敞还辨认出了其中的文字。然而，总体来说，从汉至唐之间，青铜器出土不多，其中有铭文的更少。

到了宋代，皇帝特别喜好古代青铜器。在其影响下，一些达官贵人和富有的知识分子也争相购买青铜器，或作为玩物加以欣赏，或作为古代的文字资料加以研究。由此还形成了盗墓之风。这个时期出土的商周青铜器不在少数。

商代青铜器出土较多的还是在20世纪。

1928年，中央研究院历史语言研究所成立，之后直到1937年前，史语所在殷墟地区展开了大规模的考古发掘，前后十五次，发现青铜器一百七十多件。其中比较著名的有牛鼎、鹿鼎等大型重器。1939年，河南安阳当地农民在小营西地盗掘出土的后母戊大方鼎，则是中国青铜器中的瑰宝。

1950年，对殷墟的发掘工作重新恢复。殷墟西区的主体墓地是1969—1977年发掘的，当时共清理出商墓九百三十九座，出土青铜器一百七十五件，带有铭文的铜器四十三种。由于这些墓葬是科学发掘品，有可靠的地层依据和明确的出土地点，这些对研究商代青铜器的分期断代十分有帮助。

20世纪70年代，考古工作者对安阳地区墓地进行了诸多发掘，清理墓葬达二千多座，发现了许多有研究价值的铜器铭文。

宋人赵明诚编著的《金石录》书影

如1986年大司空村南地出土的寝印器组，对研究商代的族氏名号十分有帮助；而亚鱼鼎铭文有二十一字，对研究商代的祭祀制度大有裨益。

殷墟妇好墓是20世纪70年代最重要的考古发现之一。妇好墓是商王武丁妻子妇好的墓葬。它是目前唯一一座能与殷墟卜辞相印证，又能确定墓主人身份的商王室墓葬。妇好墓共出土铜器四百六十八件，礼器二百一十件，还出土了不少的乐器、兵器和生活用具等。其中的青铜器很多都有铭文。

1959年后冈圆祭祀坑中出土的戍嗣子鼎，有铭文三行三十字，是目前所见科学发掘的文字最多的商代铜器铭文。它是一篇研究晚商时期宗庙祭祀制度的重要材料。

殷墟郭家庄西部的160号墓出土青铜器二百九十一件，其中有铭文的礼、乐器共三十八件。这些铭文对商代金文的分期断代有着十分重要的意义。

20世纪，殷墟以外也出土了很多商代的青铜器。

1979年在豫南地区淮河以南的罗山县蟒张乡天湖村发现了商周时期的墓葬。经过两次发掘，共清理墓葬四十二座，其中二十二座为商墓。这些商墓共出土铜器二百一十九件，其中八十三件为礼器，有铭文的有四十件。

1997年发掘的长子墓是一座有南北两个墓道的中字形大墓。共出土青铜容器七十九件、乐器六件，其中有一部分是方形器，说明墓主人有很高的政治地位。在铜器的铭文中出现了"戈""子""子口""长子口"等多种铭文。根据相关的铭文材

料,"长"可能是商代一个很重要的族氏。

20世纪70年代初,考古人员在辽宁喀左县北洞村发现了两个窖藏坑,出土了一批殷商时期的青铜器。这批器物引发了学者对孤竹国的研究,并进而关注到商代北部的地理问题。

商代青铜器的类型有食器、酒器、水器、乐器、兵器、杂器。

食器包括鼎、簋、甗、鬲、豆、匕。鼎是青铜礼器中的主要食器,它有烹煮肉食、祭祀和燕享等多种用途。簋是盛放煮熟的黍、稷、稻、粮等饭食的器具。甗是蒸饭器。

鼎

簋

鬲是炊粥器。豆是专备盛放腌菜、肉酱等调味品的器皿,它也是一种礼器。匕是挹取食物的勺子。

酒器包括爵、角、斝、尊、觥、方彝、卣、罍、瓿、壶、觚、觯、勺、盉。爵是饮酒器,同时也是一种礼器。角也是饮酒器,《礼记·礼器》:"宗庙之祭……尊者举觯,卑者举角。"斝,

甗　　　　　　　　　鬲

是盛酒行祼礼之器，同时可以温酒。尊是高体的大型或中型容酒器。觥也为盛酒器。方彝也是盛酒器。卣是专门用以盛秬鬯的祭器。罍为大型容酒器。瓿是一种大腹容酒器。壶也是饮酒之器。觚，饮酒器，《说文解字》："觚，乡饮酒之爵也。"觯，饮酒之器，《说文解字》："觯，乡饮酒角也。"青铜器中的觯有两类，一类为扁体，一类为圆体。勺，《说

尊

108 | 镌刻在甲骨上的史诗：殷商

斝　　　　　　　　爵

觥　　　　　　　　戈

刀

文解字》："勺，挹取也。"实为取酒浆之器。盉，王国维说："在受尊中之酒与玄酒而和之，而注之于爵。"

水器包括盘、盂。盘是承水器，沃盥时，用匜浇水于手，以盘承接弃水。盂是大型盛饭器，兼可盛水盛冰，一般为侈口深腹圈足，有兽耳或附耳。

乐器包括铙、铃。铙是我国最早使用的青铜打击乐器之一，又称为钲或执钟，流行于商代晚期。铃是我国较早出现的青铜乐器；然而，它在商代很少，时代特征不是很明显。

兵器包括戈、钺、矛、刀。戈是商周时期较常见的一种兵器，古称勾兵，是用以钩杀的兵器，戈通常由戈头、柲、柲冒和柲末的镈构成。钺，《尚书·顾命》郑玄注："大斧也。"它是具有权杖一类性质的兵器。矛是用于冲刺的兵器，矛体分锋刃和骹两部分，锋分前锋和两翼；商代早期的矛较狭，晚期的矛多阔刃。刀是用于砍杀敌人的兵器，商代晚期的遗址中经常出现刀。

杂器包括方形器、罐、锛。方形器，有的人以为是"冰鉴"，是盛冰用以保存食物的；有人以为是"卢形器"，是用作炊煮或盛食物的器具。罐，《集韵》："汲器。"锛是用以砍削木料，使木料表面平整的工具。

商代金文的分期与著录

大约在商代中期的时候，青铜器上开始出现文字。在开始的时候，这些铭文的字数很少，多为族氏名号或器主的私名。商代后期，特别是帝乙帝辛时期，开始出现较长的记事铭文。①

根据学者们的研究，殷墟青铜器大致可以分为四期。第一期的年代大约为盘庚迁殷至武丁早期。这个时期的青铜器上还没有出现铭文。第二期，武丁晚期至祖甲时期。这个时期的青铜器已经普遍出现铭文，各类的考古遗迹中都发现了有铭青铜器。铭文比较成熟，有的还带有艺术性。此外，这个时期出土的少数玉石器与骨角器上出现了刻文，并有不多见的记事体朱书玉戈，可见这个时期文字已经被广泛应用了。第三期，廪辛至文丁时期。这个时期的实用礼器多铸有铭文。一般来说，铭文通常以两三字为多见，内容有族徽、私名、日名（以日子来称人名）和族徽、亚加族名和方国名等，明器一般没有铭文。第四期，帝乙帝辛时期。这个时期的铭文字数增多，内容相较以前更加丰富。在传世铜器中，属于帝乙帝辛时期的有铭铜器有四十多件，其中有些为记事性铭文，最长的达四十六字。综合而言，这个时期的铜器铭文在字数、记事、书法等方

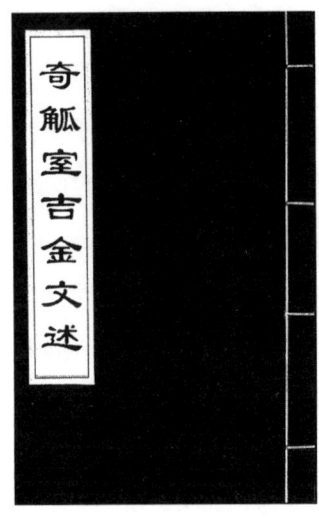

《奇觚室吉金文述》书影

---

① 王辉：《商周金文》，文物出版社2006年版。

面都有了新的进展。这样的青铜器分期对认识商代的金文也是大有裨益的。

关于商代金文较重要的著录书有：

（一）《奇觚室吉金文述》，共有二十卷，刘心源编纂，1902年石印。共收录商周青铜器五百七十五件，还收录了秦汉铜器、钱币、铜镜等。此书附有考释。

（二）《殷文存》，共三卷，罗振玉编纂，1917年石印。收录铜器七百五十五件，但很多是西周时期的青铜器。

（三）《愙斋集古录》，共二十六册，吴大澂编纂，1918年石印。收录商周金文一千零四十八件。此书印刷极佳，间有考释，是商周金文的重要著录书目。

（四）《吉金文录》，共四卷，吴闿生编纂，1933年刊行。共收录商周至秦汉铜器铭文四百一十四件。此书附有释文和简短说明。

（五）《小校经阁金石拓本》，共十八卷，刘体智编纂，1935年石印。共收录商周秦汉金文六千四百五十六件。皆附有释文，但其中也有一些是伪器。

《愙斋集古录》书影

（六）《三代吉金文存》，共二十卷，罗振玉编纂，1937年影印。收录商周秦汉铜器四千八百三十一件，以商周器物为主。此书印刷精良，是研究商代金文的重要参考书。遗憾的是此书没有释文。

（七）《商周金文录遗》，共一册，于省吾编纂，科学出版社1957年出版。收录商周铜器铭文拓本六百一十六件。此书收录的主要是《三代吉金文存》出版以后新发现的金文资料以及传世金文中没有被《三代》一书收录的。

（八）《商周金文集录》，徐中舒编纂，四川人民出版社1984年出版。此书收录新中国成立后至1980年年底国内刊布的铜器铭文九百七十三件。这些铭文是按照出土地域编排的，每件器物均配有释文和简单的资料来源说明。

（九）《金文总集》，共九册，严一萍编纂，台北艺文印书馆印行。共收录铭文七千二百二十八件。每篇铭文下注有著录简况、简要说明和器形图。

（十）《殷周金文集成》，共十八册。中国社会科学院考古研究所编纂，中华书局1984—1994年出版。铭文收录到1988年，共收录铭文拓本一万一千九百八十三件。每册之后有铭文字数、时代、著录、出土等情况的说明，是商代金文著录的集大成之作。

（十一）《商周青铜器铭文选》，这本书共有四卷，马承源主编，陈佩芬、潘建明、陈建敏、濮茅左编辑，文物出版社1988年出版。它共收录商器二十一件，收器时间止于1979年，是目前所

《吉金文录》书影　　　《三代吉金文存》书影

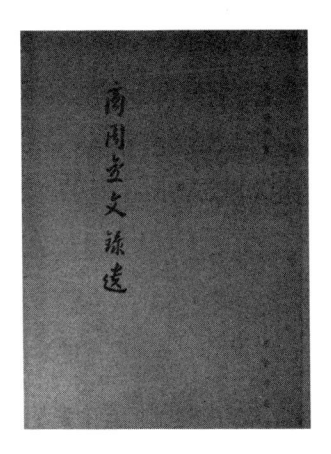

《商周金文录遗》书影　　《金文总集》书影

知较好的一部殷商金文选本。[1]

（十二）《商周金文》，王辉著，文物出版社2006年出版。

---

[1]　赵诚：《二十世纪金文研究述要》，书海出版社2003年版。

共收录商器四件,是学习商代金文非常好的入门书籍。

(十三)《美帝国主义劫掠的我国殷周青铜器集录》,陈梦家编著,科学出版社1963年出版。陈梦家曾在美国教学,在此期间他考察了美国的博物馆、高校、收藏家等所藏的青铜器。这本书就是考察结果的记录。它共收录八百四十五件青铜器,分类编排,附有铭文、尺寸和器物的来历,是一本学术价值很高的书籍。

(十四)《中日欧美澳纽所见所拓所摹金文汇编》,共十册,巴纳(Noel Barnard)、张光裕编著,台北艺文印书馆1980年出版。它共收录商周青铜器一千八百一十三件。这些器物是按照铭文字数由多至少编排的,每件器物附有尺寸和著录的情况,只是其间也夹杂了一些伪器。

(十五)《欧洲所藏中国青铜器遗珠》,李学勤、艾兰(Sarah Allan)编著,文物出版社1995年出版。两位作者曾遍访比利时、

《殷周金文集成》书影　　　　《商周青铜器铭文选》书影

丹麦、法国、德国、英国、意大利、荷兰、瑞典、瑞士等国，他们将这些国家公私收藏的商周青铜器二百多件刊布于此书。这些器物大多属于精品，学术研究价值很高。

（十六）《金文编》，容庚编著。此书自1925年出版以来，屡次增订，其中1985年由中华书局出版的版本最为完备。此版有十四卷，按照《说文解字》的体例编排，收录已识字两千多个，另有附录二卷，收录族氏铭文和未识文字一千二百多个。这本书还引用了历代出土的彝铭三千九百多件。

（十七）《商周彝器通考》，二册，容庚著，哈佛燕京学社1941年铅印。全书分为上下两编。上编通论十五章，下编各论四章。通论部分包括：一、起源，即青铜器制作的起源；二、发现，叙述自汉代以来各地的重要发现；三、类别，分为食器、酒器、水器、杂器及乐器五类；四、时代，主要记述各家考定青铜

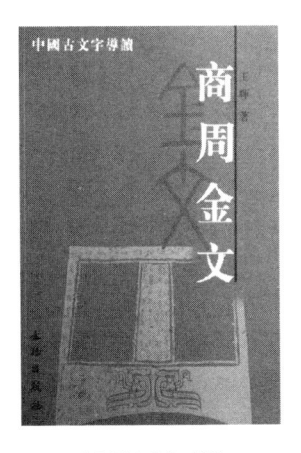

《商周金文》书影　　《欧洲所藏中国青铜器遗珠》书影

器时代的方法；五、铭文，自商、西周至春秋、战国青铜器铭文的演变；六、花纹，就作者所见花纹和其特征加以考释；七、铸法，主要说明商代青铜器的范铸；八、价值，记述一些古代器物的价值；九、去锈，记述给青铜器去锈的方法；十、拓墨，主要

《金文编》书影

《商周彝器通考》书影

《殷墟妇好墓》书影

《历代钟鼎彝器款识法帖》书影

记述给青铜器制作拓本的技术；十一、仿造，叙述宋明两代仿造的青铜器；十二、辨伪，记录辨别伪造青铜器的方法；十三、销毁，记录青铜器在历代遭受的损失；十四、收藏，记录自宋至清代藏家对青铜器的收藏情况；十五、著录，评价自宋以来五十七种关于青铜器的重要著作。下编则依照分类详述各种器物。这本书第一次详细地把青铜器研究中的各类问题，组成具有科学系统的著作。

（十八）《殷墟妇好墓》，中国社会科学院考古研究所安阳工作队编著，文物出版社1980年出版。妇好墓规模不大，但墓室未被破坏，随葬器物极其丰富，组合完整。其中出土青铜器四百六十八件，还有精美的玉器。这批青铜器中礼器品类较全，有二百多件，形式多样，在殷墟发掘历史上尚属首次。妇好墓青铜器上有九组铭文。

（十九）《陕西出土商周青铜器》，四册，陕西省考古研究所、陕西省文物管理委员会、陕西省博物馆编著，文物出版社1979年出版。其中第一册记述了陕西全省各地出土的商代青铜器和岐山县出土的西周青铜器，共收录二百零七件器物。

（二十）《河南出土商周青铜器》，一册，河南出土商周青铜器编辑组编著，文物出版社1981年出版。本书收录了新中国成立以来，河南偃师二里头，郑州白家庄、铭功路，安阳殷墟和辉县琉璃阁等商周墓葬和窖藏中出土的商周青铜器，共收录三百七十七件器。每件器物均有简要的说明，记载了器物出土的时间、地点、花纹、铭文和造型特点。

（二十一）《历代钟鼎彝器款识法帖》，二十卷，宋人薛尚功编纂，最早是宋绍兴十四年（1144）刻本。明代万历十六年（1588）有朱印本。其后，崇祯、嘉庆、光绪年间又多次印刷。此书收录夏代器物两件，商代器物二百零九件，周代器物二百五十三件，秦代器物五件，汉代器物四十二件，共五百一十一件。此书只摹铭文，次列释文，并加以考证。宋代所出的有铭之器十之八九收录在此书中。

（二十二）《钦定西清古鉴》，四十卷，清代梁诗正等人编纂。今传光绪十四年（1888）迈宋书馆铜版影印本。此书摹绘十分精良，但铭文有所缩小，也有失真之处，铭文见解可取之处有限。共收青铜器一千四百三十六件，镜九十三面，但伪器颇多。此书的出版与清代金石学的发展是密不可分的。

（二十三）《积古斋钟鼎彝器款识》，十卷，阮元编著，嘉庆

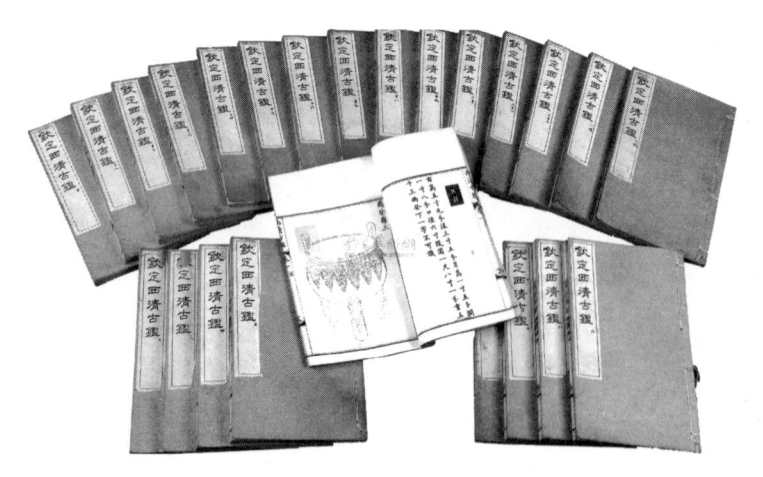

《钦定西清古鉴》书影

九年（1804）刻本，光绪年间几经翻印。阮元想以此书来续薛尚功《历代钟鼎彝器款识法帖》。此书收录商周青铜器四百四十六件，秦器五件，汉晋器物

《积古斋钟鼎彝器款识》书影

五百五十件。有详细的考释。书的前面还有《商周铜器说》和《商周兵器说》两篇论文。是晚清时期一部有影响力的青铜器著作。

商代金文的形式与一些典型的铭文

商代青铜器铭文的最常见形式有：

第一，铭文仅有所谓族氏铭文，即家族之名号，用以表明器物的归属。其中有的属于所谓复合氏名，在署家族名号的同时还署其家族所从属的更高级别家族的名号，从而显示一种宗族组织的谱系关系。此种族氏铭文还常常同亚字形相结合，在亚字形内部或其外部。对于亚字形的含义，现在的研究人员尚有不同见解。

第二，在氏族名号外，还同时刻有本家族死去先人的"日"名：把十干，即甲、乙、丙、丁、戊、己、庚、辛、壬、癸接在亲称"祖""父""妣""母"等之后。这表明此种器物是该家族

的贵族专为祭祀具有这一"日"名的先人之祭器。

第三，铭文仅有日名。

第四，铭文仅有器主名。由于家族长的个人名号往往被用作家族名号，所以此种形式的铭文虽仅是器主的个人名号，但个别的（如"子某"）也可能代表着一个家族的名号。

商代金文有着鲜明的特色，表现在以下一些方面：（一）表示人体、动物、植物、器物的字，在字形上有较浓的象形意味。这种字体并不是说此时的文字还处于原始阶段，而是一种美化的手段，是郑重的表示。（二）绝大多数笔画浑厚，首尾出锋，转折处多有波磔。（三）字体大小不统一，铭文的布局也不整齐，竖虽然基本上成列，但横却不成行。少数铭文笔道均匀、瘦劲，但这种风格在商代金文中是少见的。

到了商代后期开始出现一些长篇铭文。在此，我们介绍几篇典型的有铭青铜器，以此来窥见商代金文的大体状况。

小臣缶方鼎。是一件很重要的晚商青铜器。本为清宫旧藏，原在颐和园，现收藏于北京故宫博物院。其铭文为：

王易（赐）小臣缶湡责（积）五年，缶用乍（作）享大子乙家祀尊。䇂。父乙。（《集成》2653）

铭文大意是：商王赏赐小臣缶湡地五年的积贮，小臣缶制作了用来祭祀太子乙的尊。

戍嗣子鼎。于1959年在安阳后冈一处殷代圆葬坑中出土，收

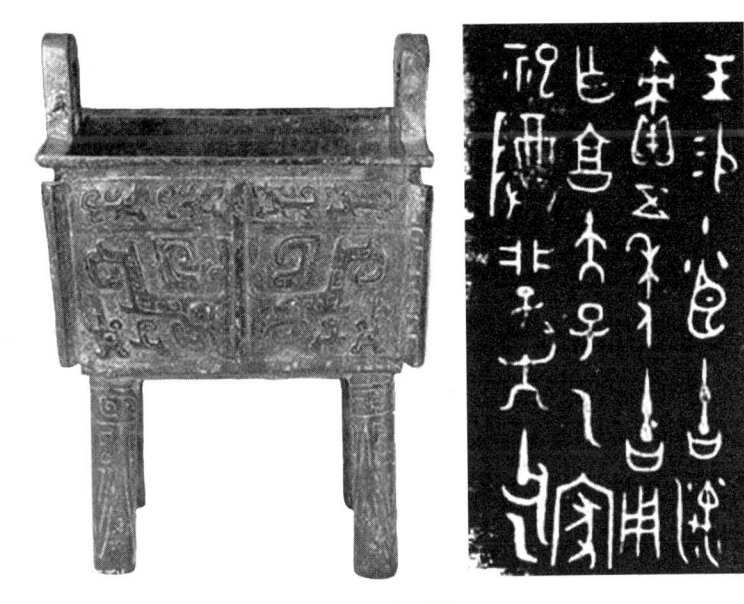

小臣缶方鼎及其铭文

藏于中国社会科学院考古研究所安阳工作站。这是一件商末器物。其铭文为：

> 丙午，王商（赏）戍嗣（嗣子）贝廿朋，才（在）阑宗。用乍（作）父癸宝䵼（鼎）。唯王饗阑大室，才（在）九月。犬鱼。（《集成》2708）

铭文中的戍是职官名，嗣子是族名，戍嗣子是来自嗣子族的戍官，宗是指宗庙，䵼即鼎，犬鱼是族氏名号。铭文大意为：丙午日，商王在阑地的宗庙赏赐来自嗣子族的戍官二十朋的贝；戍嗣子给自己的父亲癸制作宝鼎；这年的九月，商王在阑地的大室举行衮祭。戍嗣子来自犬鱼族。这篇铭文是反映商代祭祀状况的重要史料。

小臣俞犀尊。清朝道光年间出土于山东省寿章县梁山（今山东济宁市梁山县），现藏美国旧金山亚洲艺术博物馆。它是一件商代后期的器物。其铭文载：

丁子（巳），王省夒且（庸），王易（赐）小臣俞夒贝。唯王来正（征）人（夷）方。唯王十祀又五，肜日。（《集成》5990）

上引铭文第一个"夒"后之字，专家们释读有争议。笔者曾

戍嗣子鼎及其铭文

论证指出其是庸字。[①]整篇铭文大意为：丁巳日，商王视察了夒地之城；王赏赐给小臣俞夒地的贝；商王征伐夷方归来；在十五祀肜日。铭文反映了商王在十五年征伐夷方归来的路上视察了夒地的城，并赏赐了随同征战的小臣俞夒地的贝。

小臣俞犀尊及其铭文

仆麻卣。出土地点和时间不详。由西安市文物商店收购。卣高35厘米；腹横截面呈椭圆，最大腹径偏下，为24厘米；圈足径17厘米。左右跨梁，梁上饰夔纹，梁端有披角羊首。盖的中部有瓜棱形钮，高盖缘。其铭文为：

壬寅，州子曰："仆麻，余赐帛、囊贝，蔑汝。"王休二朋。用作父辛尊。册。戈北单。(《近出》604)

[①] 王进锋：《甲骨金文释证三则》，《中华文化论坛》2013年第3期。

仆麻卣器形及其铭文

作册般鼋侧拍与俯拍图

这件器物过去一直被认为是西周器物,后经李学勤论证并指出其为商代晚期器物,①所言甚是。铭文中的"州子"是州地之君。铭文的大意为:壬寅这天(仆麻来到州地),州子说:"仆麻,我赐给你帛、囊贝,勉励你。"(仆麻回到商王朝)商王又赐予二朋的金;仆麻用来作父辛的尊。这里的仆麻应是商王的使者;他领受商王命令出使到州地,州子赏赐给他物品;他回到商都,又受到商王的赏赐。

作册般鼋。《说文解字》说:"甲虫惟鼋最大,故字从元,元者大也。"作册般鼋作爬行状,探首,四足外露,尾向左偏;它的左肩部、背甲嵌入四矢,其中背

---

① 李学勤:《仆麻卣论说》,《文物中的古文明》,商务印书馆2008年版。

甲左部两支、右后部一支，另外一只嵌在鼋的颈部左侧斜上方。

器物通高10厘米，长21.4厘米，宽16厘米，重1.6056公斤。这是一件商代晚期的器物，2003年由中国国家博物馆征集得到，并收藏于该馆。

作册般鼋的背部铸有铭文四行三十三个字，其内容为：

丙申，王迊于洹，获。王一射，㚔射三，率亡（无）废矢。王令（命）寝馗兄（贶）于作册般，曰："奏于庸，作女（汝）宝。"

铭文大意为：丙申日，王到达洹水，获得此鼋。王先射一箭，继而又连射三箭，皆命中而无废矢。王命寝馗将此鼋赐给作册般，王说："（将此事）铭记于庸器，作为你的宝物。"[1]这件器物是反映商代射礼的重要器物。

小臣系卣。高40厘米，器盖同铭。小臣系卣曾流失海外，2010年重现市场，在上海市政府的支持下，上海博物馆斥巨资收购了这件器物。其铭文为：

王赐小臣系。赐在寝。用作祖乙尊。㲋。（《集成》5378、5379）

---

[1] 朱凤瀚：《作册般鼋探析》，《中国历史文物》2005年第1期。

126 | 镌刻在甲骨上的史诗：殷商

小臣系卣器形、拓本及铭文

　　寝，宗庙，卜辞中有"辛巳，贞：其刚于祖乙寝"（《屯南》1050），祖乙寝，就是祖乙的宗庙。小臣系卣铭文大意为：商王在宗庙赏赐小臣系，小臣系给祖乙铸造尊。这则铭文是研究商代小臣与祭祀的重要史料。

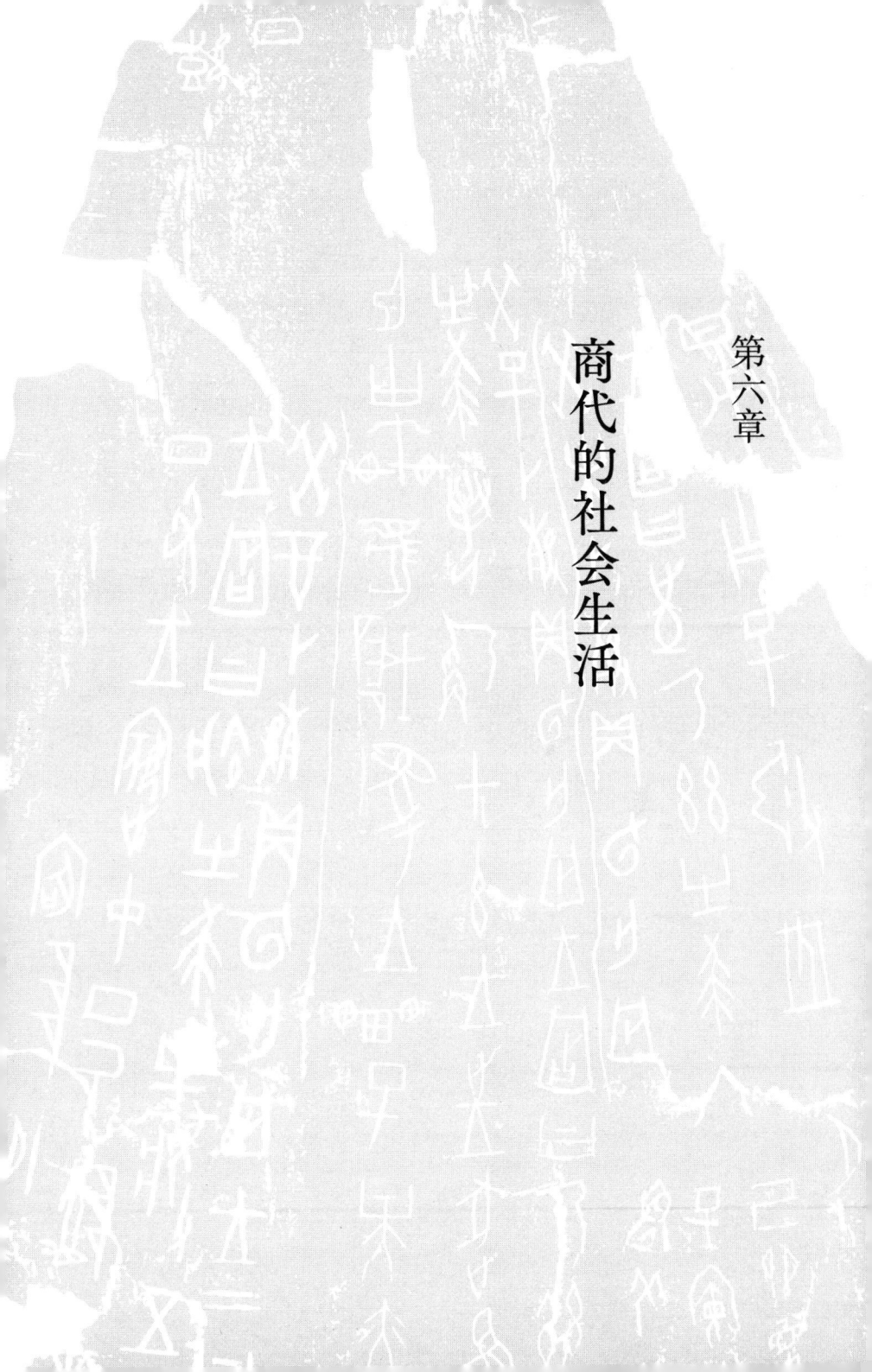

第六章 商代的社会生活

社会生活是社会文明的一面镜子。商代的社会生活是丰富而富于色彩感的。商代的服饰是冠、衣、裳、履齐全，且丰富多彩，同时又鲜明地体现了阶级的差别。商人的饮食特色除体现在以粟、黍、稻、麦为主食外，饮酒之风盛行，成为那个时代的一道风景线。多间相连的排房的出现，说明殷人几代人聚居已成时代风貌。国都与方国之间道路的修建和马车的普遍使用，说明地域之间的联系更紧密了。一夫一妻制与一夫多妻制的并存，也是值得研究的一种社会现象。上述种种，勾勒出了一幅商代社会的风情画。[1]

商代的服饰

传世文献中关于商人服饰的记载比较稀少，很难据之全面了解相关的情况。好在考古发现中出土了很多商代的玉人、石人、

---

[1] 本章的撰写参考了宋镇豪《商代史·卷七：商代社会生活与礼俗》、晁福林《先秦民俗史》、张兴照《水上交通与商代文明》、杨升南《商代的水上交通工具》等论著。

铜人、陶人，有时青铜彝器中也有人物的形象，这些人物形象所穿的服饰为我们提供了了解商人服饰的宝贵材料。下面，我们就按照"从头到脚"的顺序来看商人的服饰。

商人往往在头上加冠。冠的功用，有的是为了束发，如《释名》所记载"冠，贯也，所以贯韬发也"，有的则是为了避暑防寒，或表示尊严，防止伤害。

商代的冠具体又分为冠、弁、冠卷、頍（kuǐ）、巾帻、冑等。商代有一种人形玉雕，头戴布质冠，覆盖住额头、发际和后脑，冠顶四周有一定的物件来固定帽冠。《释名·释首饰》说："章甫，殷冠名也。甫，丈夫也，服之所以表章丈夫也。"商代戴冠的多为中上层贵族或商王的亲信近臣。

弁分皮弁和爵弁。关于皮弁的形制，《后汉书·舆服制》说是前部广高，后部卑锐。商代的玉石人像中，有一种是贵族或商王近臣亲信，他们头上戴的就是前高后卑的冠，冠前和冠后还有扉棱形的饰物。这个应当就是皮弁。爵弁通常前卑后高。商代有一类家臣贱奴类的玉石人像，他们戴着前卑后高冠，革制，冠顶像爵的圜底，当就是爵冠。

冠卷包括冠和武两个部分，武就是冠上的卷状饰件。殷墟妇好墓出土了一个贵妇形象的圆雕玉人，头戴圆箍形冠，冠前端横饰一卷筒形饰物，应就是冠卷。

頍是由额带发展来的，用布或革条绑于发际，主要用于束发。商代頍的形制颇多。殷墟小屯331号墓出土的玉雕人像，戴的是倒立鱼龙形頍冠；北京故宫博物院收藏的商代青玉贵族女子头像，戴的颊上缀有双立鸟饰；安阳小屯村南地出土的一件陶人头像，戴的是一圆箍形颊。

巾帻就是以布巾裹在头上，如《急就篇》所谓"巾者，一幅之巾，所以裹头也"。商代的巾帻分为高巾帽和布质帽冠两种。

胄，是战斗时护首的冠式，又称兜鍪，今天又称为头盔。商代的胄有皮制和青铜制两种。殷墟西北冈1001号大墓东侧一座排号为2124号的殉葬坑，曾出土一顶皮胄，形制不详，护耳两侧残留有铜圆片饰品。1935年，殷墟西北冈1004号大墓的南墓道出土了约一百四十顶铜胄。它们形状像头罩，正前下方开一长方形面门，可以露出少许脸部；中部有脊棱，顶部有一小管，可用来插饰物；胄表有各种饰纹，制作十分精美。1994年，山东滕州市前掌大墓地的四座墓葬和一座车马坑出土了四十五顶青铜胄，有的能护耳，但不能护顶和护颈，有的可以护耳、护顶、护颈，有的像盔，均装饰兽面图案。

商代出土人像反映的商人服饰比较多样，下面我们来剖析一下若干典型的服饰样式。

1976年，殷墟妇好墓出土了一件圆雕玉人，编号371，是一位贵族妇女。她的头部歪编一根长辫，辫根在右耳后侧，辫子上盘至头顶，经左耳，辫梢回到辫根处。戴一颊形冠。穿交领窄长袖衣，衣长及足踝。腰部系一根宽腰带，左腰插一卷云形宽柄器。腹部悬挂一长条形蔽膝。着鞋。衣着华丽，神态倨傲。

现藏美国哈佛大学福格美术馆的一件商代圆雕石人立像，据传是安阳殷墓出土。他的头发先用巾帻卷至头部，绕至四层高；

跪坐玉人（商代，出土于河南安阳殷墟妇好墓）。身穿衣，衣饰云丝，梳辫束发，腰束宽带，长袖至腕。对研究殷商时代发式、衣冠等有重要价值。

圆雕孩童玉立人像（采自宋镇豪《商代史·卷七：商代社会生活与礼俗》）

再戴高巾帽蒙覆其发，帽子前高后低，帽顶作斜面形。双手拱置腰前，身穿长袍，交领右衽，前襟过膝，后裾齐足。腹下悬一斧式蔽膝。内裤稍露。足部穿平底无跟圆口鞋。玉人神态恭虔，应为中小贵族或近侍形象。

安阳小屯保管所藏有一件圆雕孩童玉立人。头上束左右蝶形总角，身穿长袖交领右衽衣袍，束腰带，下穿齐足长宽裤，脚穿宽松软鞋。应是一贵族或中上层社会孩童的形象。

美国哈佛大学福格美术馆藏有一件

据传是安阳出土的商代石立人像。双手被桎梏。头发后梳，贴垂脑后，以绳束发。裸体。仅腹前有蔽膝。是一男性犯人形象。

1937年，殷墟第十五次发掘，在小屯358号窖藏中出土一些陶俑。有一件头顶光秃，双手反缚，是一男性犯人形象；另一件头上束有单髻，裸体赤足，双手被缚于前，是一女性罪犯形象。

总的来说，商代的服饰有等级之别，中上层贵族间流行窄长袖花短衣，中下层民众流行窄长袖素长衣。另外，身份不同，商人的发型、发饰也有差别。

古代的鞋通常称为履，《说文解字》解释："履，足所依也。"商人所穿的鞋子，按照社会等级的不同有很大的差别。商代有的高级贵族穿翘尖鞋。殷墟西北冈1217号墓地出土的大理石圆雕人像，穿的就是翘尖鞋，它的款式为圆口、高帮、平底，总体感觉厚而不肥，不用系鞋带。山西柳林高红曾发掘了一座商代墓，墓主人是一位贵族武士。此墓出土了一只铜靴，鞋底有11道横纹，平底无跟，靴尖上翘，为长筒靴。靴子只有4.1厘米长，1.1厘米宽，6.3厘米高，应是这位武士平时所穿鞋子的缩制品。

有的贵族妇女穿平头高帮鞋。殷墟妇好墓出土的圆雕跪坐贵妇玉人像，穿

玉人（商代，河南安阳殷墟出土）。头戴高卷帽，这又是殷商时代着装的实例。

的就是这种鞋子。有的贵族小孩穿宽松软鞋，如上文提到的圆雕孩童玉立人。有的中下层贵族穿素面鞋子，这些鞋子圆口高帮，平底无跟，素而无华，十分合脚。商代的很多圆雕式立玉人穿的就是这种鞋子。

商代有的下层民众会穿类似今天草鞋的粗履。位于河南柘城孟庄的商代遗址，在紧挨烧陶窑址的一个灰坑里，出土了一只商代鞋底的中端。它的宽度约9.4厘米，是用绳子编制而成的，颇似今天的草鞋。这只鞋可能是当时在陶窑工作的工人穿的。

履一般是单底鞋，除此之外，商代还有双底鞋舄（xì）。舄的底部一般再加木屐，可以防止潮湿。商人应当也穿类似于袜子类的东西，古代称为韤（wà），《说文解字》："韤，足衣也。"从字形来看，古代的韤可能是用韦制造而成的。

商代的饮食

商朝的饮食生活应当包括"吃喝什么"和"怎么吃喝"两个方面。

商人吃的主食主要有粟、黍、麦、稻。商王盘庚曾经告诫商民，不勤勉劳作就不会有黍、稷的收获（《尚书·盘庚》）。商人之所以在意黍的收获，正是因为黍是他们日常的食物。商代末年，曾在都城建造钜桥来储藏粮食，据《史记·周本纪》记载，周武王攻进商都之后，散发钜桥的粟来赈济民众。可见，商人的国家粮仓储藏的是粟，而且相当丰富。《史记·宋微子世家》记载，箕子在商亡国后回到了殷商过去的都城，他看到"麦秀渐渐兮，禾黍油油"，说明殷商故都的民众像过去一样，又种上了麦、禾。另外，在郑州商城白家庄遗址和殷墟小屯遗址的考古发掘中，都发现了稻谷的遗存。

《尚书·盘庚》有关殷人主食的记载

通过研究人骨中 C、N 同位素的含量，可以知道人们在较长的生活过程中的饮食情况。正是用这种方法，学者们对河南偃师商城三个人骨样品和安阳殷墟三十九个人骨样品进行了检测。结果发现偃师商人是以粟、黍为主食，而殷墟商人是以稻米或小麦为主食。①这与文献的记载是相合的。

商人在日常生活

郑州商代遗址

---

① 张雪莲、王金霞、冼自强、仇士华：《古人类食物结构研究》，《考古》2003年第2期。

中会吃一定的肉食。郑州商城的二里岗遗址的探沟中出土了猪骨、牛骨、羊骨、马骨、犬骨三万多片，这些应是商人吃肉后剩下的动物遗骸。河北藁城台西遗址的商代中期墓葬中，很多都随葬有动物，以狗为主，其次是猪，再次是羊；这些食物一般都放在墓主人头部的陶器里。安阳殷墟的一些上层平民墓，每每随葬牛腿、羊腿和鱼。这些考古证据都说明商人上层社会已是"肉食者"。

商人除了食用家畜、家禽，也食用一些野生动物的肉。甲骨文中有很多田猎的卜辞，商人在打猎中捕获的野生动物后来绝大多数都被吃掉了。《合集》10197记载："乙未卜，王狩擒。允获虎二，兕一，鹿二十一，豕二，麑（ní）百二十七，虎二，兔二十三，雉二十七。十一月。"商王在十一月乙未这天的打猎收

《合集》258　　　　　《藁城台西商代遗址》书影

获甚是丰富，捕获了八种二百零五只野生动物。这些野生动物最终应该是被吃掉了。

殷商时期的民众有时还会吃鱼类等水产品。上文已经指出有的殷墟墓葬中就随葬鱼肉。湖北省荆州市沙市区周梁玉桥商代遗址出土了很多后来检测为鲤鱼、青鱼、鲇鱼和鳜鱼的鱼骨，应是当时人们吃后遗留下来的。商王武丁时期有捕鱼官"豕"的设置，他们会受王命去捕鱼，如《合集》258记载："乙未卜，贞：豕获鲞。十二月。允获十二。"鲞是一种鱼，这条卜辞中豕受王命捕鱼，结果捕获了十二条。

安阳殷墟小屯的考古发掘中，还发现陶罐里储藏有鸡蛋，说明当时的一些人已经食用鸡蛋。

酒是商人非常重要的一种饮品。商人非常重视祭祀，他们向神灵祷告的时候往往要用酒。如"酚上甲"（《合集》1192）、"酚四方"（《续存》上1829），酚应是用酒举行的一种祭祀仪式，这两条卜辞意为用酒向上甲、四方祈祷。

商末贵族喜爱喝酒达到了惊人的地步。《史记·殷本纪》记载商纣"以酒为池，悬肉为林，使男女裸相逐其间，为长夜之饮"，反映他嗜酒极甚。不仅如

《合集》1192

此，殷商的贵族都沉湎于酒，商纣的兄长微子曾对朝臣"沉酗于酒"(《尚书·微子》)大加谴责。从《尚书·酒诰》的记载和大盂鼎铭文来看，周人认为商朝灭亡的一个重要原因就是商朝王畿内的官员和地方方国的官员都沉湎于酒。

商代的平民也喜爱喝酒。《尚书·酒诰》中"庶群自酒，腥闻在上"就是对商朝一般平民饮酒过度、酗酒成风进行指责。平民生前喜爱喝酒，死后仍用酒器陪葬。根据1969年至1977年殷墟西区墓地发掘材料，平民墓中最常见的随葬品就是陶制酒器觚、爵。在第八墓区的五十五座墓中，四十座都出土了觚和爵。

商朝酒的种类很多，有酒、醴、鬯、果酒、药酒。酒是由粟酿造，是社会上流通最广的一种酒。《说文解字》："醴，酒一宿孰(熟)也。"徐灏注"味至薄"，可见醴是一宿而成的米酒，度数较低，如同甜酒；有的醴是用束茅过滤过的，商人称为"醑"。

鬯是用秬酿造，属于高档酒，多数为商朝贵族所用，很多用于祭祀等重要场合。鬯因为经常用青铜器卣盛装，所以商代的甲骨、金文中每以"X卣"来计量，如"鬯六卣"(《合集》35355)。鬯又分为两种，一种专用秬酿造，不加入郁金，称为秬鬯；另一种加入郁金来酿造，尤其贵重，称为郁鬯。果

郑州二里岗商代文化遗址出土的大口尊

酒是营养酒或滋补酒，河北藁城台西遗址的商代中期酿酒作坊内，出土了很多桃仁、枣核等，桃、枣应是当时酿造果酒的原料。《礼记·曲礼上》提到在生病的时候，可以伴肉喝一种酒，这种酒就是药酒。藁城台西遗址的商代酿酒作坊里，出土有成罐的草木樨和大麻籽，应当就是酿造药酒的原料。

　　商人饮酒如此兴盛，酒的品种又如此之多，与当时酿酒业的发达是分不开的。新石器时代酒就已经出现。据《世本》记载，夏代的杜康、仪狄、太康会造酒。商代的造酒技术在前人的基础上继续发展。在《尚书·说命下》中，商王武丁提到用酒曲发酵酿酒，这样酒的产量和质量都大大提高了。

　　商代的很多地方都有酿酒作坊，如商代王都。商王朝建立后，随着青铜铸造技术的发展，青铜酒器的种类大大增加，出现了觚、斝、尊、觥、卣、瓿、觯、方彝等新的器类。这一辉煌的实用兼艺术创作，充分体现了制造者卓越的智慧和精湛的技艺，在人类工艺史上放射出绚丽的色彩。由于商纣王喜爱饮酒，商代的青铜酒器越发精致。商代的青铜酒器在种类上主要可分盛酒器、饮酒器和温酒器。20世纪50年代，考古工作者在郑州商城

殷墟出土的精美酒器

兽面袋腹斝
（商代晚期，盛酒器，上海博物馆藏）

妇好方斝
（内有"妇好"两字，盛酒器）

夔纹方罍（甲乙）
（商晚期，盛酒器，陕西城固苏村出土）

戊箙卣
（商代晚期，容器，上海博物馆藏）

羊首勺（商代后期，挹酒器，陕西清涧出土）

东南郊二里岗，发掘了很多的大口尊。这些尊的内部都粘有白色水垢状沉淀物，学者推测这处遗址与酿酒有关。地方也有酿酒作坊。河北藁城台西遗址发现了一处商代中期酿酒作坊，位于一些大型贵族居宅的北部，面积近五十平方米。屋内摆放了四十六件陶器，陶器内发现了很多白色水垢状沉淀物，科学家通过检测确定这些是酿酒用的酒曲。其中，有四件大口罐内分别装有桃仁、李核、枣核、草木樨和大麻籽，应都是酿酒的原料。

关于"怎么吃喝"，主要就指怎么对食物进行烹饪。

商人对于黍、粟、麦、稻类的粮食作物，主要采取水煮和气蒸的烹煮方法。甗是一种炊具，上部是蒸食物的甑，下部是煮水的鬲。三联铜甗出土于河南安阳殷墟妇好墓，为一套

三联铜甗（商代后期，河南安阳殷墟出土）

殷代巨型炊蒸器，此器可同时蒸煮三种食物。当时水煮的器物主要是鬲。鬲上有容器，可以放入粮食，并加水；鬲下通常有三足，可以通气烧火。对于肉食类的食品，商人在煮、蒸的基础上增加调味的技巧来烹饪。

《吕氏春秋·本味》关于伊尹族氏的记载

商代有些人已经有了很高超的烹饪技术。根据《墨子·尚贤》等文献记载，商汤的重要辅臣伊尹就曾担任庖厨。他"以滋味说汤，致于王道"（《史记·殷本纪》），即用烧菜来打比方，向商汤说明治国的道理，终于被商汤委以重任。《吕氏春秋·本味》记录了伊尹以滋味说汤的具体内容，大致有去除腥臊、掌握烹煮、善于调理几项，当时的庖厨对于怎样做出美味的佳肴已经有了很具体的办法。

商代的住所

商人的住所因为身份的不同而各有不同。

商王多住在宫殿里。对于商代王宫的形制，可以从考古发现的几处典型宫殿遗址看出大概。

郑州商城遗址发现了商代早期的宫殿遗址。宫殿位于商城的东北部，宫殿基址用红土或黄土夯筑而成。大的宫殿基址有两千多平方米，小的有一百多平方米。宫殿的台基平面呈长方形，表面排列着整齐的柱穴，柱穴间距在两米左右，柱础为石质，有的用料浆石砸成。

殷墟的王宫建筑，功能有所划分。在甲组基址里，有的宫室显得庄重华贵，应为商王室最高统治者居住；有的宫室当为王室专属作坊；有的屋内有灶台，应为近亲或僚属所居。乙组基址附近密布祭祀坑，可能是宗庙朝堂建筑群。丙组基址是一些不同的祭坛遗存。

我们可以盘龙城宫殿为代表来看商代方国首领的住所。湖北黄陂盘龙城所在一带是商朝的一个方国，盘龙城应是这一方

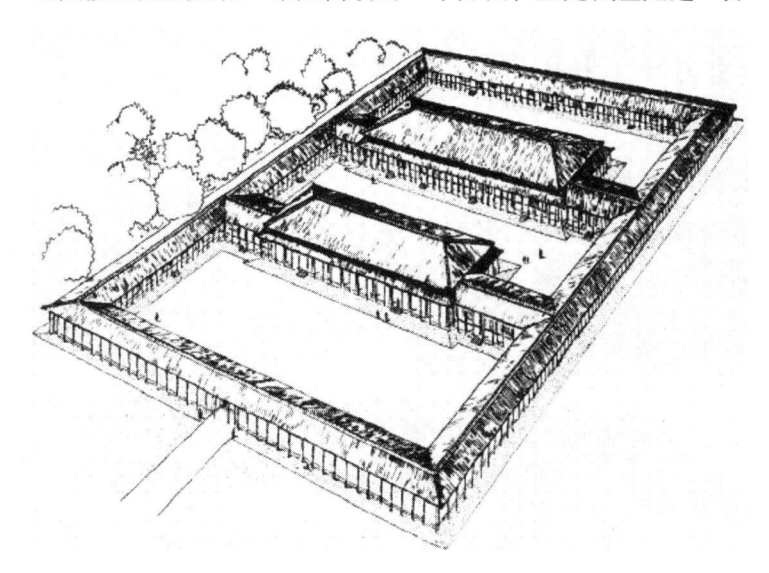

盘龙城宫室复原图（采自《盘龙城》）

国统治中心。它的宫殿正是这个方国首领的居所。

盘龙城宫殿建筑的总面积约在六千平方米，占据了城内的东北高地。整个台基高度约一米，全部用黄色或棕褐色的夯土建成。它的上层宫殿基址有三座，方向同城垣一致，应是统一规划的。这三座宫殿构成前堂后寝格局，东西两侧还有配殿和走廊，宫前西侧似为池沼类景观。

商代贵族住所可以河北藁城台西商代遗址的贵族宅落为代表。这个宅落由七个大小形制不一的房屋组合而成，为尖顶和平顶式建筑，房屋之间有狭道相通。这个宅落位于城邑的中心位置，房屋成群，主次分明，有大小庭院，还配备小型祭祀场所，以及水井、储藏窖、垃圾坑。各个房屋用途有一定区别，主体建筑应是贵族处理要务的地方；旁边的五间侧室，为日常居住、宴飨之所；北院西侧为祭祀场所；双室建筑，是贵族家

藁城台西遗址的贵族宅落（采自《藁城台西商代遗址》）

族成员的居所；两座单室配房，可能是近侍或门卫所住。

商代平民的住所可以从河南柘城孟庄商代遗址窥见一斑。考古学者在此遗址中发现了三间相连、保存完整的排屋遗址。这三间房子是先在地面上夯筑一个台子，然后在夯土台上建造而成。三间房子紧密相连，其中左边房子利用中间房子西墙接筑而成，右边房子利用中间房子东墙接筑而成。三房之间，无内门沟通，均朝南开门。中间房子面积最大，为东西长方形，是正房。左、右两边房子近方形，面积小，是偏房。

中间房子的面积18.48平方米，房门开在南墙边东头，房内东南角有一个长方形灶台。右边的房子近方形，面积6.5平方米，房门开在南墙略偏西。左边的房子也近方形，面积7.45平方米，房门开在南墙略偏东，房内偏北发现了一件石钺和两件陶器盖，和一件敛口瓮。这三间房子可能是一对老夫妻带两对子夫妻所住的屋子。

考古上也发现了商代奴隶或工奴的住所。郑州商城的王宫区

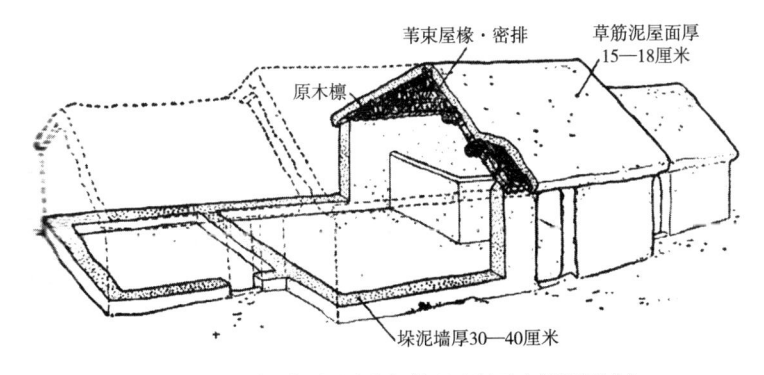

河南柘城孟庄房屋复原图（采自《河南柘城孟庄商代遗址》）

域和外围居民点以及作坊遗址,发现了很多半地穴。形状为圆形、方形或椭圆形。直径在两米至七米之间,深度在一米至六米之间。一般底部较为平坦,有的还设有石础,还有台阶上下。这些半地穴应是商代的奴隶或工奴居住的地方。

商代的交通

据文献记载,道路修筑的历史很悠久。早在黄帝时期,为了经济和社会发展的需要,就实施"披山通道"(《史记·五帝本纪》),修通了不少盘山道路。考古发现,早在新石器时代,道路修筑已是较为普遍的现象。陕西宝鸡北首岭仰韶文化遗址,发现了一条用兽骨渣、小鹅卵石、碎陶片掺杂铺垫起来的路面,其下部还用火烧过。这条道路分布在三片住宅群围绕的广场一带,可见是聚落内的道路设施。临潼姜寨一期仰韶文化遗址,也发现了两条人工铺筑的道路。到了夏禹时期,"开九州,通九道"(《史记·夏本纪》),禹将国土划为九个行政区,并在它们之间开辟通行的道路。商代的道路及其修筑技术,应秉承于历史,并有所发展。

商朝的王都里已经修建了很好的道路。河南偃师尸乡沟的早商都城遗址,发现了大路十一条,路面宽六米,最宽达十米,道路与城门大体连接,构成了棋盘式的交通网络。2000年底,考古工作者在安阳洹北商城发现了一条规格很高的双向道路,宽8.35

米，四道车辙清晰可见，道路的两侧是很宽的便道。这条道路长一千多米，与都城内居民聚居区也有道路连通。2008年，考古学者在安阳刘家庄北发现了三条商代的道路，其中两条南北向，一条东西向。两条南北向的道路宽十米以上，最宽处达二十四米，双向多车道；路面用碎陶片合土填铺，结构坚实；路旁还有人行道。它们和东西向的道路在有的地方会合成十字路口，在有的地方会合成丁字路口。这两处考古发掘证明，商代的都城里已经修建了通车条件很好的道路。正因为殷商的王都有很好的道路设施，箕子在商朝灭亡后见到了周武王，向其夸耀商的"王道"的正、直和平坦（《尚书·洪范》）。

商代的方国里也有道路的修筑。江西樟树市吴城商代遗址发现了两条商代道路：一条长百米，宽三至六米；一条长三十九米，宽一至二米，路面有一定的土料铺成，还有排列有序的柱洞。两条道路相连。这两条道路应当是商代的方国自己修筑的。

武丁时期商王朝的影响力发散至于四海，各地的诸侯都来商都朝贡（《诗经·玄鸟》）。商代王都和方国之间的相互来往联系应该是通过

《尚书·洪范》有关箕子在周武王面前夸耀商代"王道"的记载

道路完成的。商朝与西部的丰、镐之间有可通行马车的道路。据《史记·周本纪》记载，周武王伐纣之时，携带战车，从丰镐直达商都，那么，两者之间必然有能通行马车的道路。另外，殷墟发现了很多玉器，这些玉器的原料都为产自新疆的和田玉和青玉，所以，当时的新疆和商都之间应有道路可通。

商都与西北的今山西之间也有道路通行。商朝曾长期和位于山西境内的土方、鬼方、舌方交战，它们之间一定有道路通行。商都有通往东北方向的道路。商代的孤竹国位于今东北境内，他们经常向商王朝进贡物品，如"竹入十"（《合集》902反），是说孤竹进贡物品十件。那么，商都和孤竹之间应有道路通行。商都和东方的今山东之间也通道路。商末曾大规模征伐人方，人方位于今山东境内，那么军队行军中走的应是通往二者之间的道路。商王武丁时期曾"奋伐荆楚"（《诗经·殷武》），荆楚位于今湖北境内，那么商都和南方的湖北之间也应有道路通行。

再来看商代的交通工具。

商王和贵族的主要交通工具是车。商代甲骨文中的车作车，应是临摹当时实物来造字的，从中可以看出车的样式。商代早期的人们已经使

《诗经·殷武》
有关商王武丁时期曾"奋伐荆楚"的记载

用车了。1998年河南偃师商城的土路面上发现了东西向顺城墙而行的车辙痕迹，长14米，轨距1.2米，这应为当时人用车后留下的。《合集》10405中有一条卜辞非常生动地记载了商王乘车打猎的情况：甲午这天，商王前往打猎，追逐猛兕，小臣驾驶的马车由于被石头所阻，斜出撞到了王车，使坐在王车上的子央坠下车来。从这个故事可以看出，当时商王和小臣都是乘车的，而且王车上还坐着另外一个人子央。

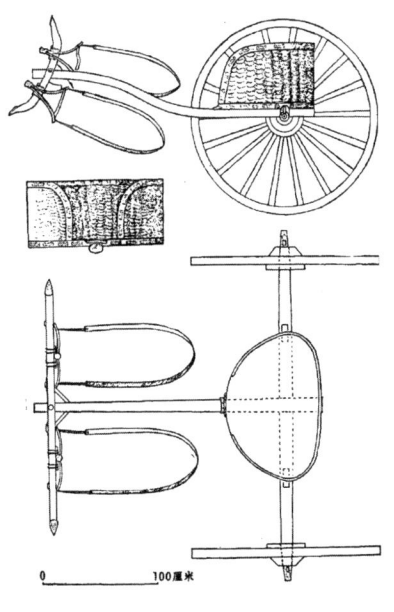

商代的马车复原图
（采自杨宝成《殷代车子的发现与复原》）

马车是商人的重要交通工具。目前，在殷墟及其以外区域已经发现了近百辆的马车。商代的马车多为独（即辕）车，车轮的辐条达十八根，一般长1.3米，宽0.8米，车厢可以乘两人，至多三人。车厢呈簸箕形，狭面在前，宽面在后，人从车厢后部上车。

商代的马车大多由两匹马拉，然而，在小屯宫殿区20号墓中出土了一车四马的马车，可见在商代晚期有些贵族乘坐的是一车四马的马车。商代的有些马车是作为战车使用的，《淮南子》中屡次提到商汤以"革车三百乘"攻伐夏桀，说明商汤在战争中使用了战车。1936年小屯东北地的宫殿基址出土了五座车马坑，都是南北向，呈作战队列，是战车的明证。著名的商末小臣艅刻辞（《合集》36481）记载了小臣艅打了胜仗后俘获的人众和物品，其中就有"车二丙（辆）"，可见这次作战的对手使用了战车。

考古人员在商代的考古遗迹中发现了不少马车，成为我们认识殷商战车形制的依据。1959年7月，位于殷墟西区的一座车马坑被发掘，内埋有一辆车、两匹马，车厢内随葬铜弓形器。1966年春天，考古人员在殷墟大司空村发掘了一座车马坑，长3.4米，宽3.15米，深0.65米，埋了一辆车、两匹马、一个人，而且车厢内还随葬了铜戈、箭镞、弓形器、兽头刀等武器。1987年春考古人员在殷墟郭家庄发掘了一座车马坑，内埋有一车两马两人。2005年，考古工作者

殷墟安钢厂区车马坑遗址

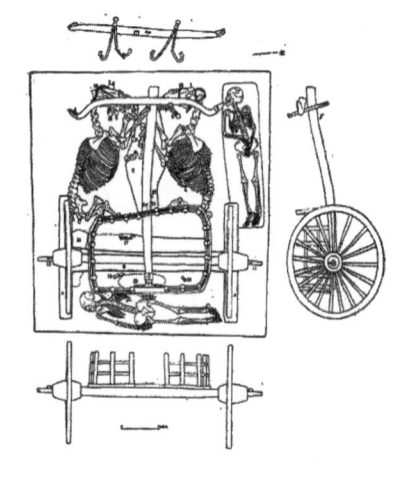

殷墟郭家庄M52车马坑
（采自《安阳郭家庄西南的殷代车马坑》）

在殷墟西部边缘的安钢集团厂区发掘了一座大型车马坑,长20米,宽3.6米,深2.5米,内葬有五辆商代马车,每辆车前有两匹马,其中一些车厢内还发现了青铜短剑和箭镞(《安阳日报》2005年5月25日第A01版)。

根据随葬的武器判断,这些马车都是战车。它们主要是木质结构,两轮较大;车前方由独辕牵引;衡有直形和弯形两种,在衡两端缚轭,用来驾马;车厢为方形,车厢的门大都开在后面。根据相关的资料,学者对商代的战车进行了复原。

从以上四处考古遗迹和复原图可以看出,商代的战车通常由两匹马拉。而且,商代的战车上通常配备三名士兵,其中一名士兵负责驾车,另外两名士兵在车厢内,居右者为执戈的武士,居左者为射手。[①]还有,根据《司马法》,每辆战车还会配备七十二名步卒。

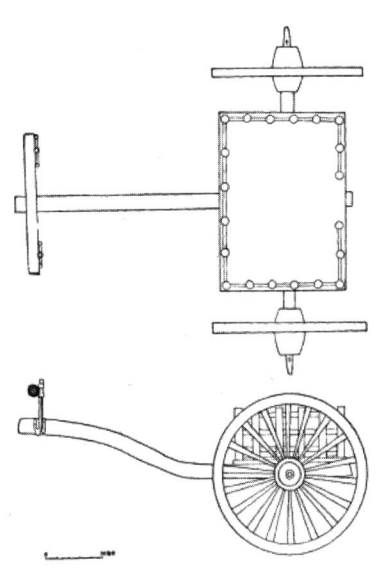

殷代战车复原图
(采自杨宝成:《殷代车子的发现与复原》)

---

① 芦金峰:《论殷商战车驾马及车兵配备》,《军事历史研究》2013年第3期。

商代也使用牛车。牛车虽然不快,但是能载重物,并且耐久,所以也有用武之地。商人很早就会使用牛车,《吕氏春秋·勿躬》载"王冰(亥)作服牛",是说王亥让牛来驾车。王亥是甲骨卜辞中称为"高祖"的先商时期的首领,可见商人驯牛之早。商人还用牛车驮运物品去远方做生意(《尚书·酒诰》)。

为了更快地行进,商人有时就骑马。殷墟第十三次发掘在小屯发现了一座墓,编号是164,其中出土了一人一马一犬,又有一戈一刀一弓形器和一件玉制马刺。这应是一座骑士墓。西安老牛坡30号商代墓,出土了一人一马一犬,应是一骑士或猎人,他也是以马作为交通工具。

商代的时候,人们还用象作为交通工具。生活于亚洲地区的象性情温顺,它们非常庞大,是生活中的重要帮手,可以用来驾车,搬运木料,从事笨重的劳动。除此之外,商代的象还有别的用途,《吕氏春秋·古乐》记载"商人服象,为虐于东夷",则将象用于战争了。

商代的时候,中原地区有大量的象活动,这为殷人驯服野生象提供了前提条件。甲骨文中屡见殷人获象的记载,如《合集》37365"获象十"、《合集》37372"获象二"、《合集》

《吕氏春秋·古乐》有关"商人服象,为虐于东夷"的记载

10222"获象"，这些都说明当时有很多象生存。商代的人已经掌握了驯象的技术。《合集》32954记载商王于癸亥日"省象"，即去看象；在《合集》4611正面的卜辞中，商王还命令亢去"省象"，这些象应该是驯服后的。商朝有专门的人负责驯服象和护理象，1935年，殷墟王陵区发掘了一座象坑，出土一象一人，这个人应当就是专门负

商代象纹铜铙

责驯象的。1978年，在同一地区又发现了一座象坑，出土的骸骨来自一只幼象，可能就是被驯服的象在人工饲养的环境中生产的。1959年，湖南宁乡出土了商代象纹铜铙，器物的上部两侧分别立着一只卷鼻小象，而左、中、右三边还装饰有六只虎、六条鱼。器中的小象给人留下深刻的印象。

商代象纹铜铙局部

商代的船运能力

商代也有一定的水上交通工具。舟是商代主要的水上交通工具。考古工作者在河南信阳息县淮河西岸河床下发现了距今三千五百年的独木舟，长9.28米，最宽处0.78米，高0.6米，是由一根整体的圆木加工而成。另外，山东荣成松郭家也出土一商周之际的独木舟。该舟保存完好，长3.9米，头部宽0.6米、中部宽0.74米、尾宽0.7米，舟体最大高度0.3米，最大舱深0.15米；两道低矮的舱隔把舟体分为三个舱；舟体平面近梯形，纵剖面略具弧形，前翘后低，两侧舱壁外凸，这种结构可以增加浮力和减少前行的阻力。

为了保证舟的顺利前行，还必须有一些特定工具。这些工具我们可以从甲骨文字形及考古实物中看出具体的物态。[1]桨，甲骨文中有一字，作𦨶（"般"字），像用桨划船。篙，甲骨文中有字作𦩎，像人站在舟上，撑篙前行。帆，甲骨文中有字作𦨎，像

信阳商代独木舟

---

① 张兴照：《水上交通与商代文明》，《中国社会科学》2013年第6期。

风帆的形状。锚，殷墟妇好墓曾出土一件商代的锚，为多钩铜器，居中为一圆环立柱，下端分出挂钩六支，质地坚固；长16.5厘米，重1公斤。

舟的功用，首先是人们在河流中巡游的交通工具。甲骨文中的"寻舟"即循舟，指舟在水中顺流而行；《合集》24609说"王其寻舟于河"，是商王在黄河上巡游。其次，可以作为运输人员和物资的手段。金文中有一字作🐚（《集成》1459），像一人挑贝乘坐于舟中。这里的舟就是运输物资的。再者，可作为战争时的战船。[①] 根据《史记·周本纪》记载，周武王曾率领三百乘的戎车，三千虎贲，四万五千甲士，向东进发，征伐商纣，他们在周武王十一年（约前1046）十二月戊午这天，渡过了孟津（又称盟津）。此时还处于商王朝时期。周武王如此庞大的军队渡过孟津应乘坐了舟船类的工具，舟在这里就起到了战船的作用。

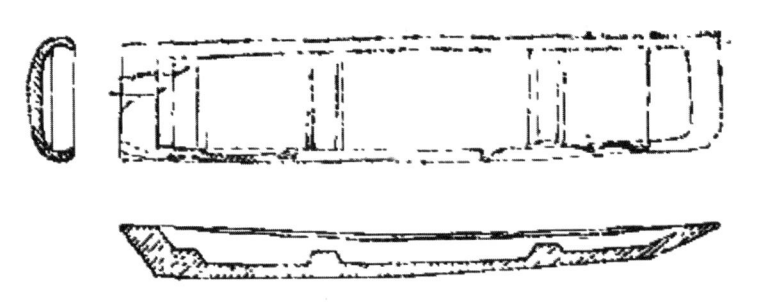

山东荣成松郭家出土的独木舟平、剖面图
（采自王永波：《原始渡具与早期舟船的考古学考察》）

---

① 杨升南：《商代的水上交通工具》，《殷都学刊》2006年第4期。

商代的船只已经具备运输大量民众和物资的能力。

商王南庚的时候,将都城迁移到了黄河以南的奄,位于今山东曲阜东。盘庚即位后,又带领商人迁徙到了黄河以北的殷,位于河南安阳市西北五里的小屯一带。《尚书·盘庚中》记载此事为"盘庚作,惟涉河以民迁"。依此看来,盘庚和商人是通过船只类的交通工具渡过黄河的。

考察此时渡河的人数有利于我们认识商代的船运能力。当时被迁徙的商人是居住于都城里的民众。他们的具体人数现在无法确知,但是我们可以根据文献记载的商代诸侯国都城人口数量,以及一些殷商城市考古遗址所显现的人口规模来推测。

商代末年,周国国君西伯姬昌曾经"不遑暇食,用咸和万民"(《尚书·无逸》),"万"非实指,言其多。可见此时周国都城人口的大概规模。

《礼记·王制》说"凡居民,量地以制邑,度地以居民,地、邑、民居,必参相得也",凡是安置民众,必须根据土地的广狭来确定修建城邑的大小,根据土地的面积来决定安置民众的多少,要使土地大小、城邑规模和民众数量三者相称。《管子·八观》道"国城大而田野浅狭者,其野不足以养其民,城域大而人民寡者,其民不足以守其城",国家的城市大田地少,田地就不能供养百姓,城市大而百姓少,百姓就不能守卫城市。据之可以看出,上古时期的城市规模和人口数量是相当的。

关于上古城市单位面积里所居住人口的数量,《战国策·赵策三》有记载："古者四海之内分为万国，城虽大，无过三百丈者；人虽众，无过三千家者。"古代的一丈是十尺，一尺相当于现在的0.23米，那么300丈就是690米。边长为690米的城市的面积则为47.61万平方米。在这么大的城市里居住3000家，那么每户大约占地159平方米。

考古上发掘了几座商时期的城市遗址，它们的规模也被探明。四川广汉三星堆是商代早期偏晚的古城，可能是古蜀国都城所在。这座古城东西长1600-2100米，南北宽1400米，城区总面积大约在245万平方米。按照每159平方米居住一户人家，当时这座城市大约居住了15400多户人家。以每户5口人计算，这个城市的总人口大约在77000人。考古人员在山西垣曲发掘了一座商代中期的城址，可能是商代一个方国都城所在。它的面积在12.5万平方米。以同样的方法计算，这个城市当时的人口在3930人以上。

根据以上各个城市人口数量，宋镇豪先生对商代城市人口的平均数进行了估算，他认为商代每个城市人口平均在2.1万人左右。[1]

盘庚迁殷时，横渡黄河的商人数量应当也在2.1万左右。如此之多的人口都通过船从黄河以南运到了黄河以北。当时船只之大以及承载人数之众可想而知。

---

[1] 宋镇豪:《夏商人口初探》,《历史研究》1991年第4期。

商代船只的运载能力被以下史实再度证明。商代末年，纣王统治无道，杀害了忠诚谏诤的比干，囚禁了箕子，还逼使一些商朝官员逃奔到周国。周武王看到这种情形，认为灭商的时机已经成熟，于是团结多方诸侯，率领军队从周的都城宗周出发向商朝的首都前进，攻打商朝。根据《史记·周本纪》记载，当时军队由战车300辆、像虎贲兽一样勇猛的战士3000人、穿戴甲胄的战士45000人构成，由盟津（又称孟津，在今河南洛阳孟津区东、孟州市西南）渡过黄河。

参加灭商战争的联军战车有300辆。这些车子应当普遍是2匹马拉的，那么就有600匹战马。再按照每辆车配备3名车上士兵和72名步卒计算，则共有22500人。这些人可能包括在45000甲士之中。加上3000虎贲猛士，则共有48000人。

当48000名将士、600匹战马和300辆战车行进到盟津时，被黄河阻挡。他们最终依靠船运渡过了黄河，并在甲子日打败了商朝的军队（见利簋铭文）。可见商代末年的船运能力已经能运输大批战车、战马，而且具备同时运输数万作战将士的能力。

有人会说，这些人众和辎重可能是在冬日黄河结冰时，从冰面上直接走过去的。还有人会说，他们应该像周文王迎接新婚妻子一样，是通过"造舟为梁"（《诗经·大雅·大明》），架设浮桥的方式渡过黄河的。从历史事实来看，这两种可能皆不是。因为就在两年前，周武王曾经到东方阅兵，率领了800多诸侯的联军，也在盟津渡过了黄河。在这次行动中，周国的重臣姜尚特地命令将士们聚集船只，说明当时的黄河并没有结冰。依照司马迁

利簋及其铭文

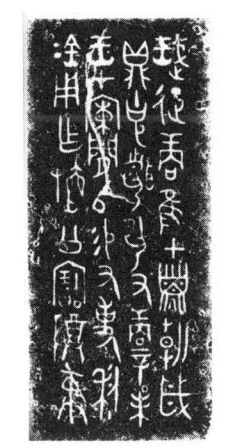

的描述，在渡河过程中，还有一只白鱼跳进了行进中的周武王的船中，可见也不是架设浮桥渡河的。

在这次军事行动中，周武王认为时机还不成熟，于是班师回到了周国。那么，周武王率领的大军和大批的辎重来回两渡黄河，从史料上看不出周武王为船运之事担忧的信息，其背后应该是当时运输能力非常卓越，不构成困难。而且，这种船运能力还非常便利迅捷，从而能让数万人轻易地渡过黄河，还能再回来。

商代的船只还有长途运输人员和物资的能力。

春秋时期楚国的大夫白公子张，曾引用商王武丁的故事来劝谏暴虐的楚灵王。根据白公子张的说法，武丁敬德慎行，和神明相通，他还"以入于河，自河徂亳"（《国语·楚语上》），三年不言，思考治国和为君之道。这里的第一个"河"指河内；第二个"河"指黄河；"亳"是当时的商都，位于河南偃师西十四里。

武丁到河内是为了向名士甘盘学习，此时他的父亲商王小乙还在世；后来小乙让位给武丁，武丁通过黄河的水运从河内赶到亳都，是为了继承王位。武丁从河内到亳都，是通过水路行进的。可见当时的商人有长途行船的能力。

殷墟妇好墓是商王武丁妻子的墓葬，保存完好。这座墓葬中出土了6880多枚货贝。这些贝大的长2.4厘米，小的长1.5厘米。经检测，它们分布于我国台湾、南海以及阿拉伯海的阿曼湾、南非的阿果阿湾等地。[1]这些贝能进入河南安阳，应当是经过了长途的水路运输。

妇好墓一角

---

[1] 中国社会科学院考古研究所：《殷墟妇好墓》，文物出版社1980年版。

商代的青铜制造业非常发达,在晚商时期的都城殷墟出土了很多精美的青铜器。考古工作者还在殷墟发现了青铜器铸造作坊,可见当时此地能铸造青铜器。然而,商代的安阳并没有铜矿,铸造青铜器的铜原料必然来自外地。从考古发现来看,江西瑞昌铜岭的铜矿是当时重要的铜原料来源。那么,这个地方的铜原料是怎么运输到商都殷墟的呢?其中重要的运输方法就是水路运输。江西的古矿冶遗址处于大江边上,其水运路线大致有两种选择,一种是通过长江进入东海,再进入淮河,之后通过泗水、济水到达中原;一种是溯长江而上,进入汉水,再经过涢水、溠水或滠水北上,转陆路,抵达商都。① 这两种选择都要经过长途的水路运输。

商代的船只也具备远海航行能力。

上文指出商代船能够运输大批人众和物资,那么船只一定不小。大型船只可以携带大量人员、食物和物资,从而可以使船上人员在江海之上生活多日。同时,商人在内河长途行船的能力也为远洋航行奠定了经验基础。甲骨文的"凡"字作:

(《合集》223) (《合集》709正)

---

① 张兴照:《水上交通与商代文明》,《中国社会科学》2013年第6期。

像船的风帆，应是"帆"之本字或初文①。象形字往往是对实物的模拟，商代的甲骨文"帆"字的出现，说明在商代甚至更早的现实生活中就有船上配帆的情况。商代的一些船只上配备帆，为船只的深海远航解决了行驶动力的问题。甲骨文中有一字作：

（《合集》11477）

是"洲"字。它的字形像水中行驶两只船，说明在商代有两只甚至更多船只一起出行的现实场景。多只船只一起出行，可以相互照应，协同处理一些突发问题，从而能保证船上人员顺利到达目的地或安全返航。这些都为商代的远海航行准备了条件。

从一些事例来看，商人可能有远海航行的实际行动。《尚书大传·西伯戡黎》记载，周文王被商纣囚禁于羑里时，周国大臣散宜生设法营救，他到各地寻找奇珍异宝，其中在"江淮之浦"搜求到如砗磲的大贝。他将这些物品献给商纣，纣甚喜，就把周文王释放了。砗磲是一种软体动物，分布于印度－西太平洋热带海洋，中国台湾、海南岛、西沙群岛以及其他南海岛屿均有分布。大砗磲长达1米，重量250公斤，旧时曾食用或用来制器皿及装饰品。

---

① 马叙伦：《说文解字六书疏证》，上海书店出版社1985年版。

江淮之地的砗磲应当是当地人出海捕获来的。可见，晚商时期的人们或已具备远海捕捞海产品的能力。另外，在河南安阳殷墟发掘的动物骨骼中，有一大块鲸鱼肩胛骨，它的上缘长一米多，而且还有一些来自同一海中巨物的椎骨。[①]这些可能也是商人进入远海捕捞而得来的。殷商时期的船运能力为商人更远的航行提供了可能。

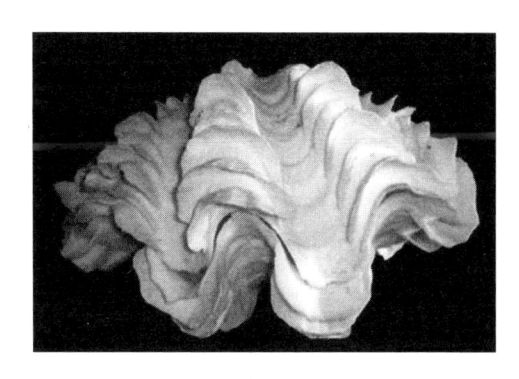

砗磲图

商代的婚姻

商代甚至商代以前已经实行一夫一妻制。这从一些商代墓葬的埋葬形式可以看得非常明确。在河北石家庄市藁城区台西商代中期遗址的第35号墓中，出土了两具人骨：一具为年龄约五十岁的男性，仰身直肢而葬；另一具紧挨的人骨为约二十五岁的女性，两脚被捆绑，侧身面向男性。这个女性应是被迫为男性殉葬的，但从埋葬形

---

① 李济：《安阳》，河北教育出版社2000年版。

式来看，他们应为夫妻，而且是一夫一妻。第102号墓状况与之相似，出土了两具尸骨。一位是仰身直肢的三十多岁男性；另一位是双脚被捆绑、侧身面向男性的三十岁左右的女性。他们也是一夫一妻的夫妻。

在今天的河南郑州、山西灵石旌介也出土了反映商代一夫一妻制的墓葬。1997年，考古工作者在郑州商城宫殿区发掘了一座长方形土坑竖穴墓。墓内三人俯身合葬，中间为一位二十多岁的男子，左旁是一位二十多岁的女子，右旁是一位十多岁的孩童。这明显是一家三口，其中的二十多岁男女应为夫妻。山西灵石旌介曾发掘了三座晚商时期墓葬，其中2号墓一椁二棺，左棺的男子仰身直肢，右棺的女子侧身直肢，面向男子。他们也是夫妻。这两对夫妻的婚姻形态应当都是一夫一妻。

在河南安阳殷墟的家族墓地，常见一种"两穴并葬"现象，约占殷墟总的墓葬数的三分之一。两墓紧紧相靠，墓室规模相同，葬具一样。其中一墓埋男子，另外一墓葬女子。这里的男女墓葬者也应当是夫妻，且婚姻形态为一夫一妻。

商代也有一夫多妻现象的存在。商王多妻是显著的例子。《帝王世纪》记载帝乙有二妃，帝辛有穿着绫纨的妃子三百多人。考古材料反映武丁有妇好等妻子多人，武乙有妻子妣戊、妣癸。商王多妻一方面是为了满足自己的欲求，另一方面他们娶的妻子多来自别的方国或族氏，通婚也起到了联络的作用。还有，多妻也可多繁育后代，这正是他们所盼望的，正所谓"天子诸侯一娶九女者何？重国广继嗣也"（《白虎通义·嫁娶》）。

商代的贵族亦有多妻的。1985年，山西灵石旌介商代墓地发掘了1号墓，形制为一椁三棺。三棺尺寸相近，中间一棺为男子，仰身直肢；两侧二棺都为女子，均侧身面向男性墓主。三人的头部或腰部都放有玉器。在北侧的棺、椁间有一殉人，没有葬具。这座墓显然是一夫二妻的合葬墓。

商代贵族中的婚姻很多是政治婚姻。商汤曾想得到伊尹的辅佐，但是后者所在的有莘氏并不放他到商族。商汤于是向有莘氏求婚，有莘氏的首领很高兴，把伊尹作为女儿的陪嫁人员一起送到了商族。商汤通过这次婚姻取得了有莘氏的支持，又得到了伊尹的辅佐，政治意味十分明显。甲骨文中有商族和异族政治联姻的记载，《合集》21457"取（娶）干女"，就是商人娶干族的女子。各地的方国经常以送女与商族结亲的方式巩固双方的政治联系，《合集》671正"吴以角女"，就是吴把角族的女子送来嫁于商族。商王有时也将本族的女子嫁于别族，《周易·泰卦》"帝乙归妹"即指商王帝乙嫁妹于周文王之事。

商代的外族人往往也娶妻于别族。周人的祖先古公亶父和王季生活于商王朝时期，《诗经·绵》记载古公亶父"爰及姜女"，即他娶了姜姓的女子；《诗经·大明》说"挚仲氏任，自彼殷商，来嫁于周，曰嫔于京，乃及王季"，即王季娶了挚国之女大任为妻。

根据《礼记·昏义》记载，古代的婚姻有纳采、问名、纳吉、纳征、请期、亲迎六个步骤，即所谓"六礼"。商代的婚姻似乎还没有形成这样的礼仪，但也有一定的流程。

（一）物色对象。商人的婚姻可能也是以喜欢为前提的，在男方喜欢女方，但不知道女方意愿的情况下，他们往往通过占卜来决定。甲骨文中的"取女""勿取女"（《合集》536）就是对物色的对象是否适合结婚进行占卜。

（二）求婚。在对象确定后，商人就会派人到女方求婚。《合集》20463反的内容"使人妇白（伯）绅"，就是派人向女方的父亲伯绅求婚。《合集》16940"来妇使"可能是女方被人求婚后，对这个求婚者是否适合结婚进行占卜。

（三）商定婚姻日期。商代的甲骨文中有一些向宗庙禀告的卜辞，应当就是对婚姻日期进行占卜的。《合集》1051正"贞：王听唯女，告"，即商王向宗庙祷告，询问婚姻的日期。《合集》20801"丙午卜，今二月，女至"，也是贞问今年二月嫁女，是否吉祥。

《礼记·昏义》有关婚姻的礼仪

（四）迎娶。商代的婚姻，女方有媵臣送婚，男方迎亲。伊尹就曾作为媵臣，送有莘氏首领的女儿嫁于商汤。《合集》19139正、反"贞：肇我妹"，意为商王室嫁女，男方亲自迎接。殷商王室娶亲，也要迎接，甲骨卜辞中的"辛卯，勾犬女"，就是商王室迎接嫁过来的犬族女子。

　　商代的婚姻虽然有了一定的流程，但有些地方仍然存在抢婚的原始婚俗。《周易·睽》记载，一个人夜行于道中，看到了一车人，装扮得像鬼一样，这个人准备用箭射他们，后来又放下弓不射，因为他看清这一群人并不是恶人，而是去抢婚的。可见当时有抢婚的现象，而且在抢婚的时候，人都装扮得像鬼怪一样。《周易·屯》记载，一个部族的人到另一个部族求婚，后一个部族人说姑娘要等十年才能出嫁。来人听说就要抢，姑娘慌忙躲进树林。后来通过占卜，抢婚者终于找到了姑娘并将其抢走。

商代的异族婚姻

　　殷商时期，在今天的中国境内生活着很多不同族群。人们用华夏族与蛮、夷、戎、狄来区分他们。通常认为，华夏族生活于中心地带，而蛮夷戎狄活动于周边，如《礼记·王制》所言："中国夷狄五方之民，皆有性也，不可推移。东方曰夷，……；南方曰蛮，……；西方曰戎，……；北方曰狄，……。"

　　实际上，这个时期的华夏族人群在不断地扩展，在商代，主要指商国及它周围的一些方国。而蛮夷戎狄也并不严格按照方位来区分，人们有时会以"蛮夷"或"戎狄"来指代所有同类民族。

异族婚姻就是华夏族与蛮、夷、戎、狄之间的通婚。

商朝的君王曾与异族女子通婚。商朝的开国君主成汤通过与戎狄的有莘氏通婚，取得了"有莘氏媵臣"（《史记·殷本纪》）伊尹的辅佐，从而实现了灭夏的大业。实际上，早在商族始祖契的时候，就已经与戎狄女子通婚。根据《史记·殷本纪》"殷契，母曰简狄，有娀氏之女，为帝喾次妃"，娀族就是戎族[①]。简狄和帝喾之间的婚姻无疑是异族婚姻。

末代商王纣屡次与外族女子婚配。商纣曾以"西伯昌、九侯、鄂侯"担任商朝的三个重要官职，九侯就是鬼侯，为蛮狄之人。鬼侯为了讨好商纣，将自己的女儿进献给他，然而这位女士"不喜淫"（《史记·殷本纪》），纣非常生气，就把她杀害了。鬼侯的女儿是被鬼侯嫁给商纣的。汉晋学者皇甫谧在其著作《帝王世纪》中也记载了此事，内容为"纣以鬼侯为三公。鬼侯有女美，而进之于纣"，与《史记》相同。

商王之子也与异族女子通婚。有一条商王武丁时期的甲骨卜辞，收录于《合集》3410，内容为："丁亥卜，［王］……子白羌毓，不［其］白。"子白羌指商王之子宠幸的白皮肤羌族女子。毓是生育。这条卜辞是占问商王之子宠幸的白皮肤羌族女子将要

---

① 晁福林：《夏商西周的社会变迁》，北京师范大学出版社1996年版。

生育，所生之子的皮肤是否为白色。[1] 从此条卜辞可以看出，这位商代王子娶了一位羌族女子。

在商代，人们常常用战俘为商王或贵族殉葬，他们的尸骨就保留在后者的墓葬中。现代学者通过先进技术对这些人骨进行测定，能确定他们的人种。商代晚期都城殷墟的西北冈祭祀坑中出土了398具头骨，经过中外人类学家的研究，这些人骨中有多具是黄白混血人种。[2] 现代的人类学将全球的人种分为四类：蒙古人种、欧罗巴人种、尼格罗人种和澳大利亚人种。一般来说，黄种人属于蒙古人种；欧美的白种人属于欧罗巴人种；黑人属于尼格罗人种；棕色人属于澳大利亚人种。很显然，殷墟这些黄白混血人的父母是异族通婚，而且还是跨越蒙古人种与欧罗巴人种的通婚。

---

[1] 裘锡圭：《从殷墟甲骨卜辞中看殷人对白马的重视》，《殷墟博物苑苑刊》创刊号，中国社会科学出版社1989年版。

[2] 杨希枚：《河南安阳殷墟墓葬中人体骨骼的整理与研究》，《"中央研究院"历史语言研究所集刊》卷42，台湾地区1970年版。Coon C. S. *The story of man: from the first human to primitive culture and beyond*. N.Y.: Alfred A. Knopf, 1954。

第七章

商代的经济

商王朝的财政收入

我们在这里将要讨论商王国政府的财政收入。[①]

商王国政府财政收入的第一个来源是商王室自身的生产和渔猎活动。商代的王室会直接从事一定的农业生产活动。《合集》9516"王其黍"是贞问商王是否去种黍,可见商王有时要参加种黍活动。《合集》19804"王禾"反映的是商王亲自参加种禾的情况。《合集》9558"王往苡刈(yì)穄于……",是说商王亲往某地收割穄。这些商王直接参加的生产活动是商王室生产活动的一部分。商王有时视察商王室的生产活动,如《合集》27026"王惟田省"说的就是商王视察农业生产活动。商王有时会派一些官员管理商王室的产业,《合集》10546"勿呼禽省田"是商王对是否命令禽视察农业生产进行贞问。

商王参加捕鱼活动。《合集》667反面的卜辞"王鱼"是说商王参加捕鱼活动,《通》749"王大获鱼"是说商王捕获了很多

[①] 本章的撰写参考了杨升南、马季凡《商代史·卷六:商代经济与科技》,彭邦炯《商史探微》等论著。

《合集》19804　　　　　　　《合集》12921

鱼。甲骨文中的延鱼是指连续捕鱼，《合集》12921正"王往延鱼""王勿往延鱼"，是对商王是否连续捕鱼进行贞问。商代还有用弓箭射鱼的捕鱼方式，如《合集》10918"王狩膏鱼"。为了保证鱼可以持续捕捞，商王室还在自己管控的鱼池中养鱼，商王很关心这些鱼的饲养情况，有时还亲自去观看鱼的生长情况，如《屯南》637"王兑省鱼"。

商王参加田猎活动。《合集》33542"王其田向""王其田噩""王其田盂"，是贞问商王到向地、噩地、盂地中的哪个地方田猎，可见商王参加了田猎活动。商王打猎有时捕获的动物数量是非常庞大的，《合集》10197"允获虎二，咒一，鹿二十一，豕二，麇百二十七，虎二，兔二十三，雉二十七"，这次田猎捕获了八种二百零五只动物；《合集》10198正"获虎一，鹿四十，狐二百六十四，麇百五十九"，此次捕获了四种四百六十四只动物;《合集》37380"获狐四十一,麑八十,咒一",捕获了三种一百二十二只动物。以上所举商王室的生产活动和渔猎活动中所得物品是商王国政府收入最直接的来源。

商王国政府往往要向方国索取物品,这是商王国财政收入的第二个来源。甲骨文中的"取"有上级向下级征收物品的内涵。卜辞中有"取羊"(《合集》8813反)、"取,唯牛"(《东京》273)、"取马"(《合集》8814)的记载,反映的正是商王国向方国收取物品的情况。根据《玉篇》等工具书,"匄"字有求取的含义。甲骨文中的"匄马"(《合集》21007)、"匄人"(《合集》493正)、"匄射"(《合集》6647正)反映的也是商王国向方国求取乘马、人众和射御的情况。古汉语中的"乞"也有求取的含义,《合集》4884记载的"甲午卜,宾,贞:令周乞牛多…",是商王命令某人向周求取多头牛;《合集》13523曰"乞自雩十屯"、《合集》5574"乞自喦(yán)二十屯",反映的则是商王国分别向雩地、喦地求取牛肩胛骨十对、二十对的史事。

商王国财政收入的第三个来源是方国的主动进贡。《合集》8975"禽以牛"中的"禽"是方国禽的首领,"以"有致送的含义,此条卜辞记载的是禽向商王国进贡牛。《合集》8937"吴共(供)牛","吴"是方国吴的首领,"共"有供给之义,这里的吴将牛供给的对象正是商王朝。《合集》10133"妇好入五十",妇好虽然是商王武丁的妻子,但她来自别的方国,这条卜辞反映的是妇好向商王国进贡五十样占卜物品的事实,妇好的这些物品的来源可能正是她本来所处的方国。《合集》8959"……登羊三百"中

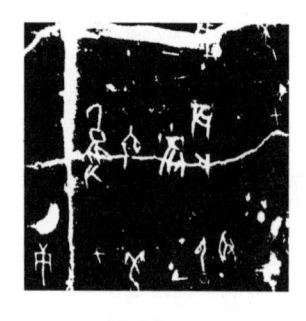

《合集》8984　　《合集》11425

"登"有进贡的意思，这条卜辞的主语残缺了，但可能也是某方国，此卜辞记录的是某方国向商王朝进贡三百头羊的情况。甲骨文中的"来"也有进贡的意蕴，《合集》945"峀来马""峀来犬"，《合集》9525"画来牛"，《合集》9177"奚来白马五"，《合集》237"望乘来羌"，其中峀、画、奚、望乘都是方国名，这些卜辞反映的是这些方国向商王国进贡马、犬、牛、白马、羌（捕自羌族的俘虏）。

商王国所获得的财政收入的表现形式是多样的，有的是人众。《合集》94中"允有来自失（佚），致羌刍五十"，佚是商代的一个诸侯国名，羌刍是从事畜牧业的人员，这条卜辞中的五十羌刍是由佚国送来的，他们是商王朝财政收入的表现形式之一。《合集》5658"妥致巫"，意为妥族送巫给商王国；《合集》9741"呼取女于林"，意思是商王国向林国索取女子；《合集》270正"兴方致羌"意为兴方向商王国送羌人。这里的巫、女、羌也是商王国财政收入的表现形式。

有的财政收入以农业产品的形式表现。《合集》235"登黍"中的"登"有进贡的含义，此条卜辞意为某个方国向商王国进贡了黍。《合集》34587"登秋"，秋是一种农作物，此条卜辞是说某个方国向商王国进贡了秋。这里的黍和秋是商王国的财政收入。

有的财政收入就是方国进贡来的动物。《合集》8980"……致百犬",是某个方国向商王国进贡了百只犬。《合集》500"象致三十马",意为象国向商王朝进贡了三十匹马。《合集》11432"戈允来豕二",是说戈国向商王朝进贡二头豕。有的方国还向商王国进贡野生动物。《合集》9172"画来兕",兕即今天的犀牛,本辞是说画族向商王国进贡了犀牛;《合集》8984"雀以象",意为雀族向商王朝进贡了象。这里的犬、马、豕、兕、象是商代财政收入的另一种表现形式。

贝作为一种货币,在商代也成为财政收入的表现形式。《合集》11425"……取有贝",是商王国向某诸侯国索取贝。《合集》11442"车不其致十朋",意为车族不会送来十朋的贝吗?

商代的财政收入还有其他的表现形式。《合集》7023反面"……致卤五",卤就是盐,此辞是说某方国向商王朝进贡了五份盐。《合集》11462"禽来舟",是禽族首领进贡了交通工具舟。《合集》7076正面"来自南致龟",是南方向商王朝进贡了占卜用的龟。

商代的商业贸易

商代已经有了渐趋成熟的社会分工。当时的农业、畜牧业和手工业早已形成固定的分工,而且手工业内部又有铸铜、制骨、漆器、纺织、建筑等不同部门。

不仅如此，商代的手工业里各部门内部有着更进一步的分工。安阳苗圃北地的铸铜作坊内，出土的主要是礼器陶范，很少见到工具和武器的范，说明这一作坊主要是铸造青铜礼器的。而在孝民屯出土的铸造范，大多是工具和武器，可见此处当时是以铸造工具和武器为主的。这两处铸铜作坊的考古遗迹说明商代的铸铜业已有一定的分工。

商代的制骨业已经成为一种专门的手工业部门，其专业分工也较明显。河北邢台曹演庄遗址出土的骨器主要是骨簪，且有不同的形制。这些骨簪做工考究，工艺复杂，必须由专门的人员才能制造出来。河南安阳大司空村的制骨作坊面积大约有一千三百八十平方米，发现了十二个堆放骨料的坑，出土了骨料三千五百多块，这里当时应是一座制骨作坊。

商代的人群也有一定的专业化分工。殷墟西区墓葬群的平民墓，以随葬手工业工具者为多，有六十六座，出农具的墓有十座。可知这些人既有从事农业生产的，也有从事手工业生产的，或者兼而有之。他们有一定的专业化分工。这可能就是西周时实行"工商食官"(《国语·晋语》)制的先声。

商代的商业贸易可以分为以下一些类型：

(一)民间贸易。根据《左传·定公四年》记载，商朝灭亡以后，周的统治者分鲁公以"殷民六族"——条氏、徐氏、萧氏、索氏、长勺氏、尾勺氏，分康叔以"殷民七族"——陶氏、施氏、繁氏、锜氏、樊氏、饥氏、终葵氏。这里的六族、七族都是以从事的职业来命名的，如六族中的索氏、长勺氏、尾勺氏分别是绳索之工和酒器之工，七族中的陶氏、施氏、繁氏、锜氏、樊氏、终葵氏分别是陶工、旌旗工、马缨工、釜工、篱笆工和锥工。这些手工业者必然要以自己的产品来和别人交换，才能满足自己的生活需要。

商代的平民墓中经常随葬海贝。殷墟西区九百三十九座中小墓中，有三百四十座随葬有海贝，其中绝大多数是平民墓。1958—1961年殷墟发掘的中小墓有三百零二座，其中八十三座有海贝随葬。这些海贝并不产于安阳当地，而是来自沿海地区。所以这些海贝很多是通过商业贸易而来的。

商代民间贸易的主要物品有：其一，陶器。陶器是商代人们的日常生活用品，如炊具鼎、鬲、罐等。殷墟的中小墓葬中经常出土陶器。这些应当是通过贸易得来的。其二，小件青铜器。在商代的中小墓中经常出土小件青铜器。这些是墓主人的私有物。一般的平民自己很难制造这些物品，应当是通过贸易得来的。其三，食盐。食盐是商人生活的必需品，他们一定是通过商业贸易得到食盐的。其四，玉器。商代的中小墓葬中有的还随葬一两件玉器制品或绿松石制品，如玉蝉、玉鸟等，这些应是通过交换得来的。

海贝（殷墟博物馆收藏）

（二）官营商业。商王和王室成员的墓葬中出土的物品，如大龟、玉器等，当中有不少是通过商业贸易得来的。而这些贸易活动就是官营商业。商代有专职的商人为商王朝服务，而且还设有管理商品贸易的"多贾"。这些人当是从为王室经商的商人中挑选出来，专门管理官营商业活动的。[①]

商代有市、肆一类的场所来进行商业贸易活动。《六韬》记载"殷君善治宫室，大者百里，中有九市"，《太平御览》引《帝王世纪》也说商代"宫中九市，车行酒，马行炙"。可见商代已经有了专门用于商业交易的场所"市"。商代有市也可以从考古材料上得到印证。郑州商城和安阳殷墟的城址都比较大，而且均发现了比较密集的居民点，还发现了手工业作坊。像这样面积广阔的城址，居住的人口较多，脱离农业生产的居民，倘若没有进行交易活动的市，生活必然不便。

商代的城市

目前，考古工作者发掘了五座商代王都级别的城市。

偃师尸乡沟商城，城址为长方形，南北长一千七百多米，东西长一千二百一十五米，面积二百多万平方米。商城的四周有城

---

① 黄延廷：《商代商品贸易探讨》，郑州大学硕士学位论文，2001年。

墙，在东面、西面和北面的城墙遗址上共发现了七个城门，各个城门之间有道路相通，纵横交错，形成了棋盘式格局，内有大城（含小城）和宫城。宫城中有宏大的宫殿建筑群，布局十分完整，街道很宽阔。可以想见当年这座城市的繁华情景。

在已经发掘的早商诸城中，郑州商城的规模最大，出土各种遗迹、遗物极为丰富，可以确定郑州商城为商代早期的都城之一。郑州商城总体呈长方形，其中东南两墙各长约一千七百米，西墙长一千八百七十米，北墙长约一千六百九十米。在四周的城墙上发现了十一处可能是城门的缺口。郑州商城的城内有宫殿遗址。在城外和内外城之间有铸铜作坊遗址、制陶作坊遗址和制骨作坊遗址。尤其是铸铜作坊的范围很大，还有成片的住宅、窖穴、墓葬等，约在二十五平方公里范围内分布着许多商代遗存。这表明郑州商城在当时是一座规模宏大、人口众多的城市。

1990—1995年，考古工作者在郑州西北二十公里处的小双桥发掘了一处被认为是中丁所迁隞都的商城。面积约一百五十万平方米。其中发现了很多的夯土基址和青铜冶炼遗迹。

1999年发现的安阳洹北商城，平面近方形，边长二千一百至二千二百米，面积约四百七十万平方米。在城内发现了大范围的夯土建筑基址。

安阳殷墟是商代晚期的都城，遗址面积三十多平方公里。殷墟分布在今天的洹河两岸，东西长十公里，南北宽五公里。由于殷墟作为商代都城时间有数百年，因而此处的文化遗存十分丰富，先后发现了五十多座建筑遗址。中间是王宫建筑，周围有防

殷墟沙盘模型（安阳殷墟博物馆）

御措施，外围环绕着密集的居民住房、手工业作坊和贵族及平民的墓葬。洹河的北岸以王陵为中心，有商王陵墓、贵族陵墓和祭祀坑。

殷墟手工业发达，有青铜铸造业、制陶业、制骨业、酿造业，以及木、石、玉、漆等加工行业。各种手工业作坊数量多，规模大。殷墟的铸铜技术尤其精湛，能制造出很多精美的青铜器。

商代方国都城级别的城市有多座。

位于湖北境内的盘龙城是一座商代中期的方国都城。这座城的城垣长二百九十米，宽二百六十米，面积七万五千四百平方米。城内有三处大型宫殿遗址。

山西垣曲古城是商代中期的城址，面积达十二万五千平方米。城区中间发现了宫殿遗址。陕西清涧李家崖城址是晚商时期的一座城址，南北以悬崖作屏障，面积约六万七千平方米。四川广汉三星堆是商代早期偏晚的古城，古城的东、西、南均有城墙，面积在二百二十四至二百九十四万平方米之间。

商代的城市里面有市场。《六韬》记载商代的君王都很擅长建筑宫室，大的城市有百里，其间有九个市场。《帝王世纪》也说城市中有九个市场。据文献记载，姜尚在被周文王赏识提拔之前就在朝歌和孟津的市场上经营着负贩、屠宰、卖酒的营生，

《盐铁论·颂览》所载"太公之贫困，负贩于朝歌"正是这种情况的反映。

商代的城市是人口汇集的地方。《战国策·赵策三》记载："古者四海之内分为万国，城虽大，无过三百丈者；人虽众，无过三千家者。"按照这样的比率推算，古代城市人口规模一般不超过十万人。

《六韬》书影

城市的出现、市场的设立以及人口的汇聚都为商品经济的发展奠定了基础。

商代的农业

农业活动离不开土地、生产工具、生产活动和从事农业的人员，其最终的成果又以农产品的形式表现出来。我们就按照这样的顺序来看商代的农业。

商王对所辖范围的土地拥有实际的所有权。商王可以到他所控制的领土范围的任何地方垦土造田，如商王可以派人到京、盖、虎、冏、丘商、敦等地垦田。在甲骨文中，位于西北边陲的土地遭到了异邦的侵扰，商王称这些田为"我田"(《合集》6057

青铜铲

反),就可以说明这种土地所有制情况。商代的土地应是一种"普天之下,莫非王土"的状况。

商代有金属类的生产农具斧、镈、铲、铚、锸等。

斧是人类社会较早使用的一种工具。它既可以作为进攻和防卫的武器,又可以作为生产工具。商代的人们之所以用斧作为生产工具,是因为当时很多地方为森林、杂草覆盖,要开辟农田,就得用斧子砍掉树木和杂草。考古发掘中发现了很多商代用作农具的斧头。湖北黄陂盘龙城就出土了可以安装竖柄的斧。郑州南关外出土的上千块陶范中,最多的就是铸造斧子的陶范;1971年11月,在山西保德也出土了商代晚期的青铜斧;安阳出土的青铜斧,与现代木工所使用的手斧十分相似。

镈是一种大锄,通常称为镈头,古文献中又叫斫。安阳出土的诸多青铜器中就有镈;1953年,郑州二里岗出土了带有十字纹的镈;1958年,在山东平阴县也出土过青铜镈;1973年,河北藁城台西商代遗址中出土了两把青铜镈。可见商代使用镈的地域非常广泛。而且,在郑州商城的烧陶窑壁上发现了使用镈的痕迹,应是当时挖土时留下的。

铲,又叫锹,在古文献中又称为䥱。根据考古材料,原始社会中的铲往往使用石头制作，商代的人们已经开始使用青铜铲。1953年，安阳大司空村出土了一件青铜铲；1960年，安阳殷墟苗圃出土了一件青铜铲。1976年，安阳殷墟妇好墓出土的四十四件生产工具中有青铜铲七件。

铚也叫镰，是一种收割工具。镰通常呈月牙形。考古人员曾在安阳发现过刃部作凹弧状的青铜刀，就是商人用来收割庄稼的镰刀。1953年在山东济南大辛庄、1975年在安徽含山孙家岗等地都出土过青铜镰刀。另外，1928年秋天，考古工作者在安阳小屯村北边的大连坑发掘了上千件石镰；1932年，第七次殷墟发掘，又在小屯西区的一个坑内发现了四百四十多件石镰。河北藁城台西商代遗址也出土过三十多件石镰。

锸是一种开土的工具，形状像荷包。湖北盘龙城曾出土了两件青铜锸；1977年3月，湖北随县城南也发现了一件青铜锸。

商代虽然有金属生产工具，但最主要的生产工具还是木制、石制、骨制的，这些工具有耒、杵、臼、犁铧等。

耒是一种古老的农具，一般在近尖端处加一横木以供脚踩。耒原先是单齿的，因为翻土的效率不高，后改为双齿。后来又将耒齿改成扁形的刃，就成了耜。耒最初是木制的，后来在尖端装上了石、骨或蚌制的刃。

耒耜使用的历史非常悠久，在龙山文化中就曾发现使用耒耜的痕迹；山东武梁祠石刻的神农、大禹，手持的就是双齿耒，可见当时也使用耒耜。耒耜因为是木制的，商代的考古发现中还没有发现耒耜的原物，但是在安阳和小屯西的遗址中都发现了使用

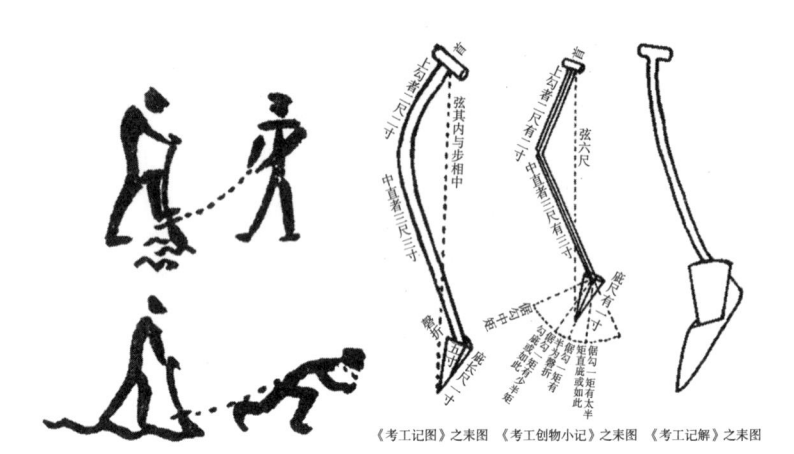

商代耒耕的可能性图示（采自刘仙洲：《中国古代农业机械发明史》）

《考工记图》之耒图　《考工创物小记》之耒图　《考工记解》之耒图

古代耒的形状

耒耕的痕迹。甲骨文中的"藉"作 ﾒ（《殷墟文字乙编》1111）、ﾒ（《乙》3983）、ﾒ（《乙》3290）、ﾒ（《乙》7808）、ﾒ（《乙》8151）、ﾒ（《前》6·17·5）、ﾒ（《前》7·15·3）、ﾒ（《殷墟书契后编》2·28·16），像一人手持双齿的耒用脚踏刺土的形状，反映了当时使用耒的情况。

神农手持双齿耒（汉代武梁祠石刻）

臼和杵，是粮食加工的工具，在河南安阳和河北邯郸的早商遗址中均出土过。郑州的考古遗址中也出土过臼和杵。可见，商时已从夏时的粒食进步到了粉食阶段。

犁铧

犁铧。中国出土较多的一种上古时期"三角形器",一般认为就是犁铧。河北武安赵窑遗址曾出土了一件商代的石制犁铧,平面呈三角形,刃部极其锋利,有使用过的痕迹。

商代的农业生产活动可以分为开辟荒地、翻土耕地、播撒种子、农田管理、收获农作物和储藏几个环节。汉代砖画像中也多少反映了殷商时期的生产情景。

开垦荒地,是农业生产的基础。商人的开荒往往先选择一块适合耕种的地域进行焚烧,再沿边掘土、筑垄,形成一定的范围,便成为开垦的农田。甲骨文中的"衷田"正体现了这样的过程。"衷田"就是每年的六月或十二月剥去树皮以毁林,次年焚之以耕田。

翻土耕地。经过烧除树木杂草,整理出一片可耕之地后,商人并不是直接播下种子,而是要经过一定的翻耕。甲骨文中"藉"字像人手扶耒的长柄,用脚踏耒刺土形,其实也是翻耕土地。甲骨文的"劦"字,像众人合力从事耕作,卜辞中的"劦田"(《合集》1),就是大规模翻耕土地,为播种作准备。

《合集》1　　　　《合集》9553正

播撒种子是农业的关键环节。商代卜辞中一些表示农作物的名词，往往活用为动词表示播种那种植物。如《合集》10"王往致众黍于冏"，黍本为名词，在此用作动词种黍，此条卜辞的意思就是商王提供人众到冏地播种黍。《合集》9553正"呼麦……"，就是命令某人去种麦。这些都是商代的播种行为。

商人的农田管理又有一些具体的行为，大致有：（一）除草。《合集》10571"……白……芟……田弗……"，芟就是除去田中的杂草。《合集》28228"唯湿田耒延受年"，耒在此是指耘，即在

播种（汉砖画拓本）

作物成长过程中除去杂草。(二)灌溉。河南孟州市涧溪的商代遗址中发现了一条水沟,深1.2米,宽0.7米,是人工挖掘的。这应该是商代的人们引溪水灌溉农田的灌渠。《世本》记载,商汤时遇到大旱,伊尹教民田头凿井灌溉,可见商代已经具备了凿井灌田的技术。《合集》18770"……百洰","洰"字形像凿井灌田,百洰就是引井水形成的百条沟渎,其最终目的是灌溉农田。(三)治虫。商代已经有了蝗灾,《摭续》216"其出于田",是蝗的象形,就是蝗字,①这条卜辞是说田间有蝗虫出现。《合集》34148记载"庚午贞:大雋,于帝五工臣宁。在祖乙宗卜",字形像蝗虫,在此也指代蝗虫。此条卜辞意为蝗虫大起,向帝五工臣举行祭祀,以期盼他们宁息蝗灾。另外,商代可能已经会"秉畀炎火"(《诗经·大田》),即夜间在田边焚火让蝗虫往扑的灭虫方法。可见商人已经意识到蝗虫的灾害,并且有治虫的行为。

收割农作物是商代农业至关重要的一环。商代收割农作物的行为根据农作物的状况而略有不同,《合集》9547"王叔南冏黍",叔是摘取禾穗,此条卜辞是说商王派人摘取南冏之地的黍穗。这是一种采摘行为。《合集》9564"……刘黍",刘是指从根部收割,本辞意为收割黍。

我国古代储藏粮食的方式有地下储藏和地上储藏两种。商代的遗址中发现了大批窖穴,其中还有碳化的粮食。这些应是商代

---

① 范毓周:《殷代的蝗灾》,《农业考古》1983年第2期。

的地下储藏库。商代的地上储藏库通常称为廪,《合集》5708正"省在南廪",就是视察了在王都之南的廪。《史记·殷本纪》记载,商纣曾经"厚赋税以实鹿台之钱,而盈钜桥之粟",商纣王用来储藏粟的钜桥当也是商代的一处仓库所在。商王对于储藏粮食的仓库非常重视,经常派人视察,《合集》33236"令禽省廪",就是派禽视察仓库,《屯南》539"唯宁、鼓令省廪"就是派宁和鼓去视察廪。

商代从事农业的人员主要是"众"和"众人",《合集》1"王大令众人,曰:叶田",正反映众人受命从事农业活动的情况。众、众人是商代每个族内地位较低的成员,他们直接参与农业活动,如果不服从就会被斥责或者处死,他们也经常逃亡。商代也

牛尊(西周中期,陕西岐山出土)。牛躯体壮硕,头大脚粗,其造形凸现了器主牛崇拜的文化内涵。

有不断补充众人的来源，那就是俘虏。卜辞记载"王令多羌衰田"，多羌是来自羌族的俘虏，他们在此条卜辞中担任衰田的任务，与众人相同，应是由羌人俘虏补充来的众人。

关于商代的农产品，我们在《商代的社会生活》一章里已有过介绍，在此不再赘述。

商代的畜牧业

畜牧业是商代的传统经济行业，在整个社会经济中占据十分重要的地位。《管子·轻重》载，商代的王建立槽牢，来养牛马，"以为民利而天下化之"。商人的祖先王亥还发明了牛拉车的技术。根据《越绝书·吴内传》，在商汤灭夏的过程中，商汤曾向荆州之君输送了大量畜品，从而赢得了荆州之地的支持。商汤也曾同样用输送牛羊的方式，来贿赂葛君（《孟子·滕文公下》）。

商代家畜有马、牛、羊、猪、犬、象、鹿等。

马的一个重要功能就是驾车。1928年以来，安阳殷墟发

《孟子·滕文公下》
有关商汤以牛羊贿赂葛君的记载

《合集》13705　　　《合集》1027正

现了三十一座车马坑，通常是两马拉车，也有四马拉车的。它们当中有的是代步乘车，有的则是战车。此时也有养马者与马合葬的墓，1987年，安阳郭家庄发现了一座马坑，内埋两匹马和一个十岁的少年，这个少年当就是养马者。商人有时会驾着马车打猎，如《合集》10405"王往逐兕，小臣由车，马硪兽王车，子央亦坠"，商王前往猎捕犀牛，小臣辅佐驾驶马车，结果马撞到了王车，子央也坠落于地。可见商王是驾驶马车去打猎的。《合集》13705"王弜教马，无疾"，是说商王亲自训练骑马。

　　商代牛的饲养规模非常大，《合集》1027正"酚千牛"，是将千头牛用于祭祀。《怀特》904"登大甲牛三百"，是用三百头牛祭祀大甲。商代养牛除了食用和祭祀外，还用来拉车。《世本·作篇》记载王亥"服牛"，其实就是驯服牛让其驾车。河南偃师商城和郑州商城的遗址中都发现了牛车。

　　商人在很早的时候就已经养羊，《周易·大壮》六五"丧羊于易"，说的是王亥时期羊走失到了有易氏。商代养羊的规模很大，这从祭祀中所用的羊的数量就可以看出。《合集》20699"五百宰"，是用五百只羊来祭祀。《屯南》4404"御父丁百小宰"，则是用百只小羊来御祭父丁。商代饲养的羊主要是山羊和绵羊，河北

《合集》10405片正、反拓本

藁城台西商代遗址中曾发现了山羊的绒毛,说明当时当地饲养了山羊。

商代的养猪业非常发达。商代早期的遗址中,出土的动物骨骼以猪骨为多,郑州二里岗出土的三万多块骨料中,最主要的是猪骨。商代的猪在甲骨文中一般称为豕,小猪称为豚;商代猪的颜色有黑、白两种。祭祀时候用猪的数量从一二头到上百头不等。

商代经常用犬来祭祀,《合集》16241"令兹二百犬……",是命令兹用三百只犬来祭祀,而《合集》32698"侑父丁犬百",是用百只犬来祭祀父丁。郑州商城的北墙东段有八个埋犬坑,共计埋葬犬九十二只,当是祭祀时埋葬的。商王朝的犬除了王室的人

《合集》4611正　　《合集》8983

员饲养之外,有很多是由方国进贡来的,"舌来犬"(《合集》945正)反映的是舌族进贡犬的情况。《合集》8980"……致百犬"记载的也是某族进贡百只犬的事。

商人可能已经会驯养大象,正如《吕氏春秋·古乐》所记载"商人服象"。商人也建立了一定规模的象军,还利用象军来攻打东夷。商王对象军非常重视,经常自己或派大臣去巡视,《合集》32954"今日王省。于癸亥省象",意为今天商王去巡视象军吗?应该于癸亥日去巡视象军。《合集》4611正"令亢省目",则是派亢去巡视象军。商人的象多应是捕猎来的,《合集》37365"获象十",是打猎俘获了十头象;《合集》8983"以象",则是别族送象给商王。商人可能还会自己饲养象,1935年在殷墟1400号大墓发现了一座象坑,内埋一人一象,这个人可能就是专门饲养象的人员。1978年在武官村北

殷商玉鹿

地发现了一座象坑，内埋一象一猪，这头象可能是人工驯养的家象。

商代可能也已经驯养了鹿，安阳出土了鹿骨一百多具，这些鹿可能就是驯养的。妇好墓曾经出土一件玉鹿，形似幼鹿，耳小眼圆，可能就是驯养鹿。

商代的家禽主要有鸡、鸭、鹅。

《尚书·牧誓》记载："牝鸡无晨。牝鸡之晨，惟家之索。"意为母鸡不会报晓，母鸡若是报晓，那么这家就会有灾祸。可见当时很多人家里都养鸡。郑州二里岗就发现了鸡骨，这些应当是来自被食用的鸡。甲骨文中也有用鸡来祭祀的记载，如《粹》1562"贞：唯鸡……"。

1975年，在小屯北地的房屋内出土了一件石鸭，造型生动逼真。1969—1977年，殷墟西区也出土了一件石鸭，具有家养鸭的特征。这些反映了商代可能已经会饲养鸭了。

1976年，考古工作者在殷墟妇好墓中发现了三件玉质浮雕鹅，表现的可能也是商代人饲养的家禽。

商代已经有了一定的畜牧业管理和保护牲畜的措施。

商王朝对畜牧业非常重视。商王经常卜问方国是否会送牲畜以及畜群是否有灾害，并且频频外出巡视牛、羊，以表示关心。在甲骨文中，商王派人"凡豕""凡牛""凡羊"，即清点猪牛羊的数目，了解畜牧业的发展情况。

商王朝还设立了畜牧业的管理机构。管理马的官员有"马小臣""马""多马""多马亚"等。"牛臣"是专门养牛的官员。"犬"

与"多犬"是掌管养犬和狩猎的官员。另外,"刍正""牧人"是笼统管理畜牧业的官员。

对于饲养牲畜成绩突出的人员,商王朝会给予一定的奖励。《合集》5597"贞:商牧。贞:勿商牧",这里的"商"有"赏"的含义,①本辞意为赏赐牧业。可见商王朝有时会赏赐牧业。

商代可能已经有了兽医。卜辞中,商王经常卜问畜群的疾病,可能也会有相应的兽医去治疗牲畜的疾病。

去势,就是阉割。古人往往会给牲畜去势,目的是使牲畜变得温顺,从而容易驯养;同时去势可以让体质弱的牲畜不繁殖,而让体质优良的牲畜繁衍,从而保证了牲畜繁衍的质量。甲骨文中的"犕牛"(《前》6·2·1)就是对牛进行阉割。甲骨文中还有"十豕羊",是指十只去势的羊。《合集》40507中"燎曾……百豕",是用百只去势的公猪来举行祭祀。可见商代已经有了给牛、羊、猪去势的技术。

商代已经圈养牲畜,所谓"圈牛于牢,圈羊于宰,圈犬于突,圈豕于家,圈马于厩",②从而使家畜免受风雨和严寒的侵袭。商代可能已经以谷物作为饲料来喂养牲畜。③

---

① 杨升南、马季凡:《商代史·卷六:商代经济与科技》,中国社会科学出版社2010年版。
② 郭宝钧:《中国青铜器时代》,生活·读书·新知三联书店1963年版。
③ 马波:《殷商畜牧技术初探》,《中国农史》1990年第1期。

第八章 商代的方国与小臣

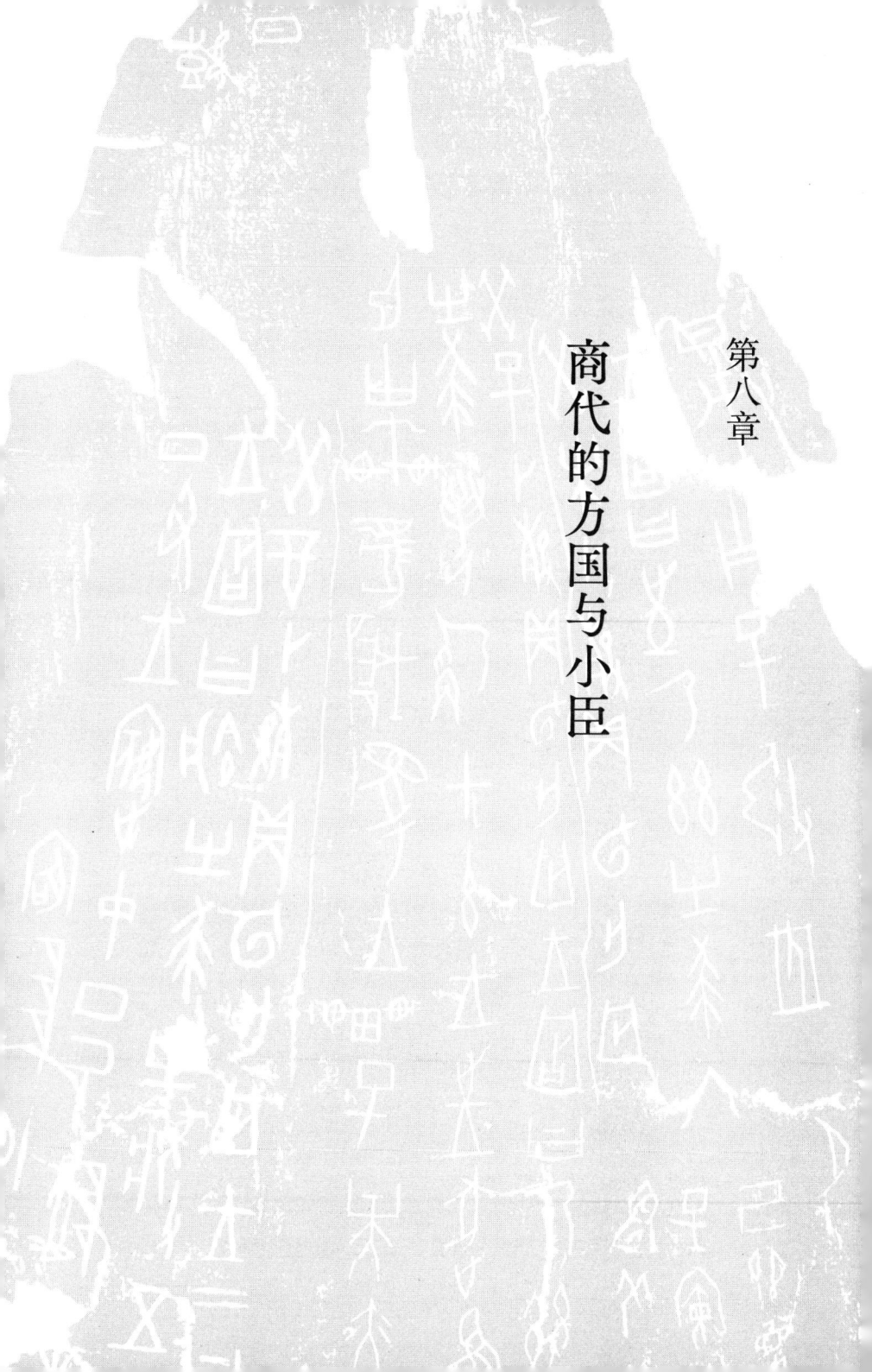

方国

方国或方国部落是指夏商之际的诸侯国家与部落。对这些方国的认识主要来源于商朝晚期殷墟遗址出土的甲骨卜辞，卜文中多以"X方"的形式称呼这些部落国家，所以称作"方国"。

在商朝的时候，与商王国并立的有很多方国。这些方国是商王朝的重要组成部分。商代的方国数量众多，并且很多跨越了商周两朝。下面介绍几个众所罕知的方国。

俞国。商代有个俞国，俞国人通常在铸造的铜器上留有"俞"的铭文，如亚俞父乙卣（《集成》5054）。商代的金文中有小臣俞，他是俞国的军事首领。根据小臣俞犀尊铭文（《集成》5990）的记载，小臣俞曾经跟随商王征伐夷方，并陪同商王视察了夒地的城市，他还得到了商王赏赐的夒地的贝。小臣俞在别的玉器铭文

亚俞父乙卣铭

中称为俞,他曾向商王进贡祭祀的物品。商代有一个很特别的族氏,称为⌷族,俞国与⌷族之间有婚姻关系。商时的俞国拥有附属国,林卣铭文中的林国(《集成》5013)就是俞国的附属国。商代的俞国处在今天的山东夏津县境内。①

斝国。商代有个斝国,在甲骨文中通常称为"斝",如《合集》7015;在金文中,斝国的铜器通常有族氏铭文"斝",如《集成》1357、《集成》6705。2010年,宋镇豪公布了一件商代的兽骨刻辞,其内容为:"甲申,王易(赐)小臣嬰(斝)。王曰:用。佳王用狀。"②铭文中"嬰"就是"斝"。小臣斝是斝国的军事首领。商代的斝国当即灌国。《左传·襄公四年》的"斟灌氏",《史记·夏本纪》中作"斟戈氏"。可见,戈、灌可通假。灌国人可能是夏代"斟灌氏"的后裔。关于斟灌的地望,《水经注·巨洋水》载:

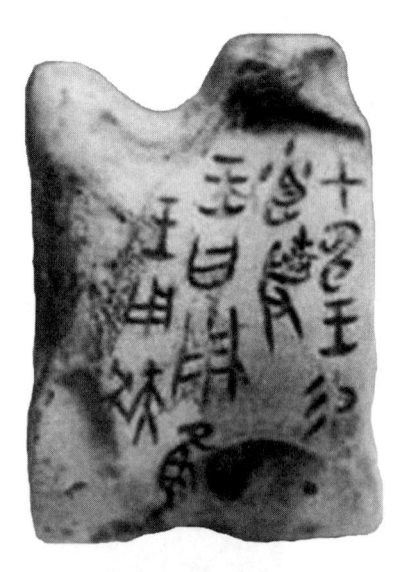

兽骨刻辞(采自宋镇豪:《商代史·卷七:商代社会生活与礼俗》)

---

① 王进锋:《商周时期的俞国史事考析》,《华东师范大学学报(哲学社会科学版)》2013年第1期。
② 宋镇豪:《商代史·卷七:商代社会生活与礼俗》,中国社会科学出版社2010年版。

尧水又东北迳东西寿光二城间。应劭曰：寿光县有
灌亭。杜预曰：在县东南，斟灌国也。……按《地理志》：
北海有斟县。京相璠曰：故斟寻国，禹后。西北去灌亭
九十里。……《郡国志》曰：平寿有斟城，有寒亭。薛
瓒《汉书集注》云：按《汲郡古文》，相居斟灌，东郡
灌是也。

这则资料表明斟灌国位于山东寿光境内。所以，商代的䖒国应位于山东寿光境内。

列国。商代的甲骨文、金文中有表示国名的"朿"（朿盘，《集成》10011；《合集》893正）、"㭉"（《合集》4518反；《合集》20549），它们就是指列国。因为在传世文献和出土文献中，"朿""㭉"实际是一字，而"剌"常常通假为"列"，如《说文解字》谓齫"读若剌"，中山王礜鼎铭"剌城数十"，"剌城"就是"列城"；金文、简帛文字中的"剌"往往通假为"列"。《合集》27884中的"小臣剌（列）"是列国的军事首领。

1992年，中国钱币博物馆在山西运城地区征集到一枚东周时期有"剌（列）"铭文的耸肩尖足空首布。"剌"是地名，它和商代的列国是一处。周代的人曾将列误读为列人，二者实际上为一地。关于列国的地望，文献记载：

《竹书纪年》："梁惠成王八年，惠成王伐邯郸，取列人。"

束盘铭　　　　　　　　　　《合集》4518反

《水经·浊漳水》："浊漳水……又东过列人县南。"郦道元《注》："漳水又东,右迳斥丘县北,即裴城故城南,王莽更名之曰即是也。《地理风俗记》曰:列人县西南六十里有即裴城,故县也。漳水又东北迳列人县故城南,王莽更名之为列治也。《竹书纪年》曰'梁惠成王八年,惠成王伐邯郸,取列人'者也。"

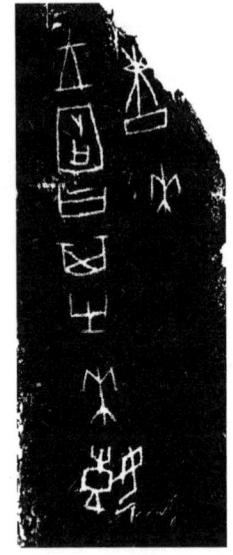

从材料中可见列国位于邯郸附近。

索国。商代有个索国,它有时也作"剌""剌"。商王曾经在索国打猎,如《合集》24459、《合集》24460。商王还娶了索国的妇人,称为"妇嫊"(《合集》2802)。

索国人在商代生活于今山东济宁市兖州区。1973年6月，山东省兖州县嵫山区李宫村农民在挖坑时发现一批铜器和陶器，其中见铜卣、铜爵、铜觚、铜刀各一件。铜卣的盖内和腹内底部均有铭文"勎册父癸"，铜爵腹内有铭文"勎父癸"。另外，还有带"勎"铭文的传世铜器，这些铜器可能亦是从兖州流出的。现将相关铭文抄录如下：

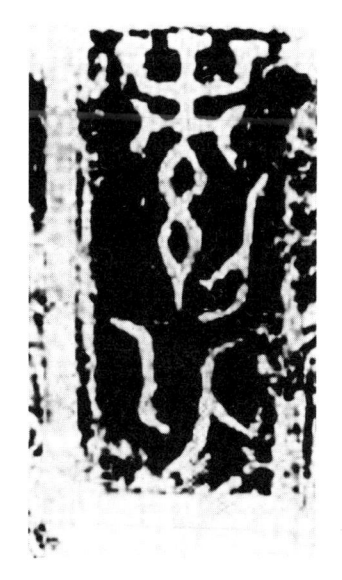

勎妣乙爵铭

勎（索）。册。父癸。（勎册父癸卣，《近出》581，商代后期）

勎（索）。父癸。（勎父癸爵，《近出》889，商代后期）

勎（索）。妣乙。（勎妣乙爵，《集成》8735，商代）

以上铭文中的"勎"当就是"索"，它们都是族氏铭文。商代的索氏铜器出土于山东济宁市兖州区，说明商代的索族就生活于此地。

索国人在西周初年被分封给了鲁国。《左传·定公四年》载：

昔武王克商，成王定之，选建明德，以藩屏周。……分鲁公以……殷民六族：条氏、徐氏、萧氏、索氏、长勺氏、尾勺氏，使帅其宗氏，辑其分族，将其类丑，以法则周公，用即命于周。是使之职事于鲁，以昭周公之明德。

此处的索氏当就是商代的索族。从材料可知，商代的索族在西周初年被分封给了鲁国。索族在商代生活于山东济宁市兖州区，在周初被分封给同样位于山东的鲁国，在地理上是很合适的。

邶国。邶国在商王武丁时期已经存在，在武丁时期它和商王朝保持着友好的关系。甲骨文中有辞例"贞：令在北（邶）工共人"（《合集》7294正），这里的北就指方国邶。上博简《孔子诗论》第28简"北白舟"，即《诗经·邶风》之《柏舟》可作为证据。这条卜辞贞问是否命令在邶地的官吏供给人众。邶方要给商王供给人众，可见二者之间保持着友好的关系。这条卜辞为宾组卜辞，时代处于武丁时期，说明邶国在武丁时期就已经存在。

邶国在商末的时候依然存在，但和商王朝的关系已经恶化。卜辞中有"辛亥卜，

《合集》7294正

北（邶）方其出"（《合集》32030）。这条卜辞属于黄组卜辞，时代处于帝乙、帝辛时代，说明邶方在商末依然存在。邶方出，即表示邶方离开，离开的缘由应当与军事扰商有关。邶方从向商王朝供给人众到军事扰商，二者之间的关系已明显恶化了。

根据《屯南》1066，商代邶国的大致方位在商都以北。一些邶国铜器的出土为我们了解邶国的具体地望提供了线索。

1890年，在当时的直隶涞水张家洼出土古器十余件，皆有"北伯"字。这引起了王国维的注意，他说道：

> 彝器中多北伯、北子器，不知出于何所。光绪庚寅，直隶涞水县张家洼又出北伯器数种。余所见拓本，有鼎一、卣一。鼎文云'北伯作鼎'，卣文云'北伯歧作宝尊彝'。北，盖古之邶国也。自来说邶国者，虽以为在殷之北，然皆于朝歌左右求之。今则殷之故虚得于洹水，大且、大父、大兄三戈出于易州，则邶之故地自不得不更于其北求之。余谓邶即燕；鄘即鲁也。邶之为燕，可以北伯诸器出土之地证之。邶既远在殷北，则鄘亦不当求诸殷之境内。……季札观鲁乐，为之邶、鄘、卫，时犹未分为三。后人以卫诗独多，遂分隶之于邶、鄘，因于殷地求邶、鄘二国，斯失之矣。[①]

---

① 王国维：《北伯鼎跋》，《观堂集林（外二种）》，河北教育出版社2003年版。

王国维认为郱在燕（即今天的河北），坐实了郱国的具体所在。其说一方面可与甲骨文所揭示郱在商都以北较远处的信息相合，另一方面也得到了出土铜器的证明，可谓卓识。可以说，商代的郱国在河北涞水之地。①

小臣

商代的甲骨、铜器、玉器和石器铭文以及传世文献中的诸多辞例有"小臣"字样。因而，了解小臣对认识商代历史非常必要。

从称名形式来看，商代的小臣可分为以下三类：第一类为"A小臣"，如马小臣（《合集》27881、27882）、卤小臣（《合集》5596）。这里的A是他们所担任的职务。第二类为"小臣X"，如小臣穑（《合集》27886）、小臣口（《合集》27884）。这里的X是他们所来自的族氏。第三类为"小臣"。这一类小臣依据各自不同的性质，可以分别划归为前两类。

商代有小臣X在外服，如小臣旨、小臣系。小臣中的外服小臣有三项职责。第一项重要职责就是参加商王朝的军事战争。第二项职责是为商王朝戍边。《合集》36419"辛卯，王☒

---

① 王进锋：《商周时期郱国的地望与迁封》，《历史地理（第二十八辑）》，上海人民出版社2013年版。

小臣旨其乍（作）圉于东，对。王占曰：大［吉］"，大意为：要小臣旨在东边作防御，应对（敌方的困扰）吗？王亲自占卜，结果显示是大吉大利。这里的小臣旨是为商王在东边作防御的。第三项职责是向商王进贡物品。商代的卜辞和玉器铭文中有：

小臣入二。（《合集》1823反）

小臣妥见。（小臣妥玉琮铭，《虢国墓地出土商代小臣玉器铭文考释及相关问题》，《文物》1998年第12期）

第一辞中的小臣是从外服的国族向商朝进贡的。见，献也，记录第二辞的玉器应当就是小臣妥献给商王的。

商代的外服小臣X往往是来自X族的军事首领。如小臣旨是来自旨族的军事首领、小臣穑是来自穑族的军事首领。

商代有小臣位于内服。A小臣往往都位于内服。另外，商代也有部分小臣X位于商王朝的内服。商代的内服小臣呈现如下的特征：其一，职务呈现多元化。其二，商代的内服小臣可由来自外族的人担任，也可由商王的

《合集》1823反

小臣系玉瑗（河南省三门峡市上村岭虢国墓地出土）。缘侧面刻有"小臣系献"四字。此瑗本为殷商王室之器，却出现在西周晚期墓葬中，反映出商周易代的历史背景，实为罕见之珍宝。

儿子担任，还可由女性担任。并且，商代一人可担任多项小臣职务。其三，商王朝的一些重要官员曾担任小臣。从金文和传世文献材料看，伊尹也曾在商王朝内服担任小臣。春秋时期的叔夷钟铭文载"伊小臣唯辅，咸有九州"（《集成》285），伊小臣就是伊尹。可见伊尹曾担任小臣一职。

不仅如此，商代的外服小臣是从内服小臣中选拔出来的。

商王朝让某一个小臣X到商王朝任职，担任的职务并不是单一的，而是担任多种职务。这种现象，小臣吴的辞例表现得最明显。小臣吴曾经担任小藉臣（《合集》5603、5604）[1]，此外，小臣吴还可以领导"小众人臣"：

贞：唯吴呼小众人臣。（《合集》5597；典宾）

---

[1] 卜辞未见"小臣吴"。于省吾认为《合集》5603、5604的"'令吴小藉臣'即'令藉小臣吴'的倒句，也即'令主管耕藉小臣吴'的省语"（于省吾《甲骨文字释林·释小臣的职别》，中华书局1979年版，第308—311页）。——编者注

这里的吴即小臣吴①。小众人臣，就是管理众人的小臣。"吴呼小众人臣"应是让吴领导小众人臣去做事。不仅如此，小臣吴还要去抓捕俘虏：

贞：吴执桎。(《合集》846；典宾)
贞：吴执桎。(《合集》847；典宾)

执，执捕；桎，意为戴上脚械。上引卜辞大意为吴从某地逮住某种人并给其戴上脚械。这应当是商王命令吴前去抓捕。小臣吴还要辅助商王处理其他事务：

呼吴取。
呼吴取桎，见。(《合集》840；典宾)
贞：呼吴取弓。(《合集》9827；宾三)
乙丑卜，令吴省卣。(《屯南》204；武乙—文丁卜辞)

桎，被执捕的人；见，献；省，察。卣，地名。上引卜辞中应是商王命令吴捕取人众进献、取弓、省查卣地，都是吴在辅助商王处理事务。这和卜辞所载吴协助处理王事["吴由王事"

---

① 学者一般认为卜辞中一再出现的吴与"吴小藉臣"的吴是同一人。如李雪山、吴懿净《耒耜为耕礼制先声：商代藉田礼研究》一文认为吴既是贵族，又是担任小藉臣的小臣。——编者注

(《合集》177、5458、5459、5460正、5461、5462、5463）]的情况相合。

商王朝让"小臣吴"类的小臣X在商王朝担任各种不同职务的目的，是锻炼他们的政治能力和军事能力，最终是为了从中选拔出优秀的人员回到各自的国族任军事首领。小臣吴后来回到吴族任军事首领就是很好的明证。

综合来看，商代的小臣是一批后备人员。在内服方面，商王朝主要从这批人员中选拔商王朝的重要官员，如商代早期的伊尹。在外服方面，商王朝从这批人员中选拔出优秀的成员派回他们所来自的外服国族担任军事首领。所以，我们可以看到商代的外服小臣X都是国族X的军事首领的现象。

第九章 商代的神灵关系

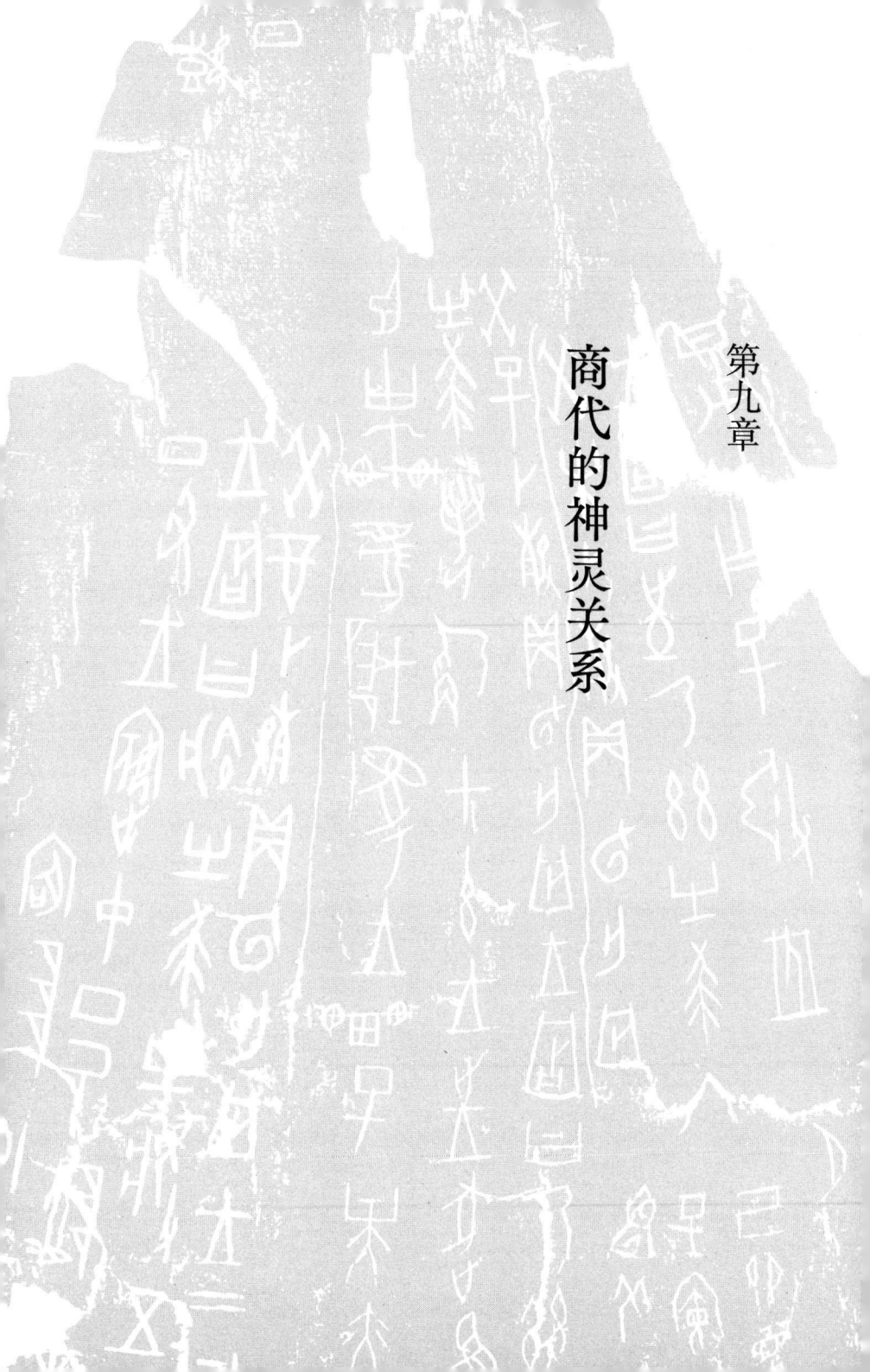

殷人特别重视神灵的作用，如孔子所言："殷人尊神，率民以事神，先鬼而后礼。"(《礼记·表记》)这种现象可以被出土的数万片商代占卜卜辞所验证。因而，研究商代的神灵崇拜是认识商代历史的一把钥匙。

关于商代的神灵，一般认为有帝、祖先神和自然神三类。之前学者对于商代神灵崇拜的研究，大致可分为两种：第一种是单独关注各类神灵崇拜的。

《礼记·表记》有关"殷人尊神，率民以事神，先鬼而后礼"的记载

在这个问题上，陈梦家、胡厚宣、岛邦男、《甲骨学一百年》相关章节作者、宋镇豪、常玉芝、刘源等都作出了卓越的贡献。第二种是关注帝、祖先神、自然神三类神灵之间关系的。

其中，后者因为更能反映商人的神灵观念以及商人对于神灵世界的想象，显得较为重要。在帝、祖先神、自然神之间的关系问题上，就笔者管见，学者们大致有以下一些主要的看法：

（一）郭沫若以为帝是殷人的至上神，并且"殷人的帝就是帝喾，是以至上神而兼祖先神"。[1]

（二）胡厚宣也提出帝是至上神，他认为帝与祖先神最大的分野在于帝"不受人间之享祭"，因而帝并非殷人的祖先神。[2]

（三）陈梦家认为帝是自然神的主宰；上帝和商王无血缘关系。[3]

（四）晁福林认为在殷人神灵世界里占有主导的最重要地位的是祖先神，而不是帝；帝不是万能之神，也不是最高主宰；帝、自然神、祖先神互不统辖，呈三足鼎立之势。[4]

（五）朱凤瀚认为帝没有与祖先神、自然神形成明确的统属关系。[5]

（六）王晖认为帝是把殷人的祖先神和自然神结合在一起的主神。作为祖先神，帝就是帝喾，是殷人的高祖；商王是上帝之子，与上帝有血缘关系。作为自然神，帝是和日月神崇拜结合在一起的，上帝统治着风雨云雷等天神。[6]

学者们对商代的神灵关系研究得较多，并且这些研究都精深兼具，给人启发良多。但是，争论依然存在，其中焦点主要集中

---

[1] 郭沫若：《中国古代社会研究》，商务印书馆2011年版。——编者注（以下5条脚注同）
[2] 胡厚宣：《殷卜辞中的上帝和王帝》，《历史研究》1995年第9、10期。
[3] 陈梦家《殷虚卜辞综述》，中华书局2004年版。
[4] 晁福林：《论殷代神权》，《中国社会科学》1990年第1期。
[5] 朱凤瀚：《商周时期的天神崇拜》，《中国社会科学》1993年第4期。
[6] 王晖：《论商代上帝的主神地位及其有关问题》，《商丘师专学报》1999年第1期。

在两个问题上：其一，"帝"是否为商代的至上神；其二，"帝"是否为商王的祖先神。此外，商代祖先神之间的关系，以及商代祖先神和自然神之间的关系，这些问题都需要进一步探讨。

从一个独特的视角——帝臣的视角，具体来说就是通过对帝臣的考察——可以窥见商代的神灵崇拜。

帝臣与帝的关系及神灵世界里帝臣的分职

从卜辞和传世文献的记载看，商代有帝臣。

商代的帝臣当是帝的臣。商代的"帝某"大致有两种含义：一为"某是帝"，如帝乙、帝辛（《史记·殷本纪》）；二为"帝的某"，如帝风（《合集》14360）、帝云（《合集》14227）。商代帝臣的含义应是后者，这就像周代的"王臣"（《诗经·北山》）是周王的臣、"公臣"（公臣簋，西周晚期，《集成》4184）是诸侯国君的臣一般。

商代的帝臣应是帝的下属。这就像殷墟甲骨文中的"王臣"是王的下属，"子效臣"（《合集》195甲、乙）、"子商臣"

《合集》14360

(《合集》637、638)分别是子效、子商的下属一样。

商代的帝臣,有的位于神灵世界,有的位于人间世界。其中,绝大多数在神灵世界里。商代神灵世界里的帝臣有一定的职务分工。

商代有帝臣左右商王的祸福。殷墟甲骨文中有如下的辞例:

(1A)其出。

(1B)隹(惟)帝臣令出。

(1C)贞:王勿出。(《合集》14223)

(2A)贞:王出。

(2B)贞:王勿出。

(2C)隹(惟)帝臣令。(《怀特》897=《合补》1516正)

(1)(2)辞中"出"意为离开、出来,"王出"即表示商王离开。商王离开的地方应该就是商都。甲骨文中有:

(3)戊申卜,尹,贞:王出,无囧。(《合集》23754)

(4)壬子卜,贞:王出,无囧。(《合集》23774)

可见,商王离开商都有时会有担忧,因而才有(3)(4)类的占卜。(1)(2)辞反复向帝臣贞问商王能否离开商都,其实是因为帝臣掌握着商王离开商都的祸与福。卜辞中还有如下的辞例:

（5A）贞：王出。

（5B）隹（惟）帝臣令。

（5C）不其获羌。

（5D）☐其作。

（5E）☐有☐。（《合集》217）

从卜辞来看，商王离开商都的目的是多样的：有时是为了田猎，如《合集》1583"贞：王勿出田"；有时是为了巡视查看，如《合集》5121"王往出省☐"、《合集》11181"王往出省"；有时则是为了征伐敌方，如《合集》32816正"贞：叀王出伐方"。（5）辞中，商王离开商都的目的是获羌。从辞例看，帝臣决定着商王离开商都能否获羌。要之，商代有帝臣左右商王的祸福。

商代有帝臣担任帝的使者。卜辞中有：

（6）乙巳卜，贞：王宾帝史（使），亡尤。（《合集》35931）

（6）辞中的"宾"为祭名。"史"当即"使"，卜辞"贞：史人于沚"（《合集》6357）、"贞：史人于雷"《合集》7337）中的

"史"即"使";《汉书·杜周传》"少府史乐成",颜师古注"史或作使字",都是证据。"帝使"是"帝臣"的一种,担任帝的使者。

商代有帝臣担任帝的工臣。卜辞如下:

（7）辛亥卜,帝工兆。(《合集》34482)

这里的"帝工"即上帝的工臣。它是帝臣的一种。

商代还有帝臣任帝的宗正官。殷墟甲骨文中有如下卜辞:

（8）☐帝宗正,王受有祐。(《合集》38230)

该辞"帝"字前当残缺了祭祀类的动词。胡厚宣将该辞中的"正"看作祭名,认为"宗"和"正"之间要有句读。今按:甲骨文中有"臣正"(《合集》30391),"正"直接连在"臣"之后,表示官名;卜辞中还有官名"宗工"(《合集》19、20),表明"宗"之后可以再接名词。据此,(8)辞中"帝"之后两字应连读,为"宗正"。"帝宗正"就是帝的宗正。宗正是一种职官,它应与宗工相同。关于它的职务,请看《尚书·酒诰》的记载:

越在外服,侯、甸、男、卫、邦伯;越在内服,百僚、庶尹、惟亚、惟服、宗工;越百姓、里居,罔敢湎于酒。

……

汝劼毖殷献臣侯、甸、男、卫，矧太史友、内史友，越献臣、百宗工，矧惟尔事服休服采。

有学者指出宗工是参与宗庙祭祀、典礼等活动，在其中奔走任事之人。（8）辞表明商代的帝有宗正官类的帝臣。

总之，商代的帝臣是帝的臣，为帝的下属。商代的帝臣，有的位于神灵世界，有的位于人间世界。其中，绝大多数分布在神灵世界里。商代神灵世界里的帝臣有一定的分职，有的帝臣左右商王的祸福，有的任帝的使者，有的为帝的工臣，有的为帝的宗正官。

帝与祖先神以及祖先神内部的关系

关于商代的祖先神，朱凤瀚曾指出了三类，分别为：（一）与商王有血缘关系，但年代久远、世系已经不可考的祖先神；（二）与商王有明确世系关系的祖先神；（三）部分对商王朝发展有功绩的旧臣。[①]但是从《尚书·盘庚》等文献来看，商代的祖

---

① 朱凤瀚：《商周时期的天神崇拜》，《中国社会科学》1993年第4期；《商人诸神之权能及其类型》，《尽心集——张政烺先生八十庆寿论文集》，中国社会科学出版社1996年版。

先神应不止于此，范围应更广些，比如还应有商民的祖先神。

那么，商代的祖先神与帝的关系如何？我们可以通过分析祖先神中的羞、汤与帝臣的关系来看帝与祖先神的关系。

卜辞中有如下的记载：

（9A）于帝臣，有雨。

（9B）于羞宗彡，有雨。

（9C）于戠（武）[1]宗彡，有雨。

（《合集》30298）

《合集》30298

（9）辞中的彡是祭名。宗是指宗庙。《说文解字》"宗，尊祖庙也"；《周礼·肆师》"用牲于社宗"，郑玄引杜子春云"宗，谓宗庙"；晁福林也指出甲骨卜辞中"多数的'宗'指祭祀先王的场所，犹如后世之宗庙"。（9A）中的帝臣仍然是神灵，并且为帝的下属。（9B）中的羞为商王先公之名。（9C）中的武为商王的祖先神，曹定云进一步指出他就是汤。

从（9）辞例来看，帝臣的地位不低于羞、汤。那么，帝臣、

---

[1] 曹定云：《殷墟卜辞"戠"为"武"字考——兼论商汤名"戠"及其相关问题》，《考古》2007年第4期。

羞、汤之间是什么关系？大致有两种可能：其一，帝臣、羞、汤是地位相当的神灵，（9）辞为选贞卜辞，目的是由占卜来决定最终祭祀帝臣、羞、汤中的一位神灵。其二，帝臣是一组神灵的集合，其中羞和汤是其组成部分。

从卜辞辞例来看，第二种可能性更大。因为（9A）与（9B）（9C）辞例并不相同，（9B）（9C）明确指出了祭祀的名称，为酚祭，而（9A）并没有具体指明祭祀的名称。在句式相同的情况下，有的指明了祭祀，有的却没有，只能说明帝臣与羞、汤的地位是不同的。（9）辞先是通过（9A）决定祭祀"帝臣"来祈雨，再通过（9B）（9C）分贞来决定具体祭祀作为帝臣的羞、汤中的一位来求雨。可见，帝臣包括祖先神羞和汤。

甲骨卜辞中有类似的相互包含的辞例，如：

（10A）丙辰贞：其酚大钾，自上甲，其告于父丁。

（10B）□卯贞：其大钾王，自上甲盟用白豭九。下示汎牛，在祖乙宗卜。

（10C）[□□贞：其大钾王，]自上甲盟用白豭九。[下示汎牛，]在大甲宗卜。

（10D）贞：☒其大钾王，自上甲盟用白豭九。下示汎牛，在大乙宗卜。（《屯南》2707）

在（10B）（10C）（10D）中，"自上甲盟用白豭九"与"下示汎牛"相对，说明二者不是一类的祭祀。从另外的卜辞我们知道,"自上甲"应属于"大示",而上引(10B)(10C)(10D)辞例中,后半段应为"小示"。从辞例看,"小示"应包括祖乙、大甲、大乙。

又如:

(11A)于父己、父庚既祭,乃酒。

(11B)☐二父酒。(《合集》27416)

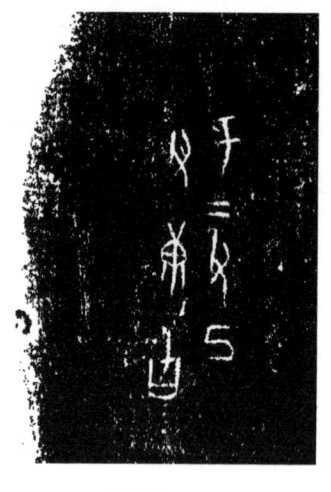

《合集》27417

(12)于二父:(父)己、父庚舌。(《合集》27417)

(11)(12)辞中的"二父"就指父己、父庚。(10)(11)(12)辞进一步证明(9)辞中的帝臣包含羌、汤。(9A)正是要通过(9B)(9C)进一步的占卜来决定具体的祭祀对象。帝臣是包括羌与汤等祖先神灵的集合。帝臣可能还包括羌、武以外的祖先神,但由于《合集》30298残缺,很难知晓它所包含的其他神灵的名称。

在(9)辞中,帝臣包含商王的祖先神羌、汤,说明商王的祖先神是帝的臣。那么,帝的地位要高于祖先神。

事实的确如此,殷墟甲骨文中有如下的辞例:

（13A）贞：咸宾于帝。

（13B）贞：咸不宾于帝。

（13C）贞：大甲宾于咸。

（13D）贞：大甲不宾于［咸］。

（13E）甲辰卜，㱿，贞：下乙宾于［咸］。

（13F）贞：下乙不宾于咸。

（13G）贞：大［甲］宾于帝。

（13H）贞：大甲不宾于帝。

（13I）贞：下乙［宾］于帝。

（13J）贞：下乙不宾于帝。（《合集》1402正）

上引卜辞中的咸、大甲、下乙皆为殷的祖先神，其中咸就是汤，宾就是配。《山海经·大荒西经》"（夏后）开上三嫔于天，得《九辩》与《九歌》以下"，《天问》"启棘宾商"，《孟子·万章下》"禹尚见帝……迭为宾主"，俱为其证。专家指出殷墟卜辞中的宾祭"是围绕着上帝进行的。……可以使下土商王对上帝的敬畏之情和祭祀诚意，通过能升天的先王转达给上帝"[①]。商人的祖先神成汤、下乙、大甲都能配帝进行祭祀，说明商代帝统领祖先神。《诗经·玄鸟》载：

---

① 刘恒：《殷墟卜辞"大宾"之祭及"宅邑"问题》，《中国史研究》2005年第1期。——编者注

古帝命武汤，正域彼四方。

这里的古帝就是帝。这段文献证明祖先神中的汤要听从帝的命令。

概之，从㚇、汤来看，商代的祖先神均为帝臣，因而他们是帝的下属。这可以得到甲骨卜辞和传世文献的验证。

虽然帝不是商人的祖先神，但是祖先神能影响帝。如上引（13）辞，商王通过祖先神成汤、下乙、大甲向帝传达祭祀的意图，也就是希望祖先神能在帝面前代为"美言"，从而保证祭祀目的的顺利实现。

综上所析，在商代，帝的下属"帝臣"包含商人的祖先神㚇和汤，因而祖先神是帝的下属，帝的地位要高于商王的祖先神。这也可以从祖先神配祭帝的相关卜辞得到验证。

从相关材料来看，商代祖先神内部也有一定的高低、统属关系。主要表现在：

其一，商王的祖先神内部有相互统属的关系。如《合集》1402正中大甲、下乙都要配汤进行祭祀。卜辞中有这样的卜辞：

（14A）丙午卜，告于祖乙三牛，其往燓。不。

《诗经·玄鸟》有关"古帝命武汤，正域彼四方"的记载。

（14B）丙午卜，于大乙告三牛，往夒。不。(《屯南》783)

这里的"往"就是前往的意思。"夒"为殷人的高祖契。"不"可能是"不用"之省。上引辞例大意为：告祭祖乙、大乙，他们会前往夒处，让他来保佑我们。由此可见，夒的地位高于祖乙和大乙。

其二，商王的祖先神统领商民的祖先神。《尚书·盘庚中》载盘庚警告商民的话有：

古我先后，既劳乃祖乃父，汝共作我畜民。汝有戕则在乃心，我先后绥乃祖乃父；乃祖乃父乃断弃汝，不救乃死。兹予有乱政同位，具乃贝玉。乃祖乃父，丕乃告我高后曰："作丕刑于朕孙。"迪高后丕乃崇降弗祥。

殷墟丙组基址与祭坛

"戕则",伤毁贼害;"绥"通"退",停止;"丕刑",大刑;"丕乃",于是;"崇降",严重地降下。本段大致是说:你们要是有奸邪之心,我的祖先就会让你们的祖先不救护你们,你们的祖先也会让我的祖先降下灾害惩罚你们。从盘庚的话中可见,商民的祖先本应该保护自己子孙的,但在听到商王祖先的话后,连自己的子孙也不敢保护了,甚至还主动要求商王祖先惩罚自己的子孙。可见商王的祖先地位高于商民的祖先。

其三,商王的祖先神统领商代的先臣神。卜辞有载:

(15)癸丑卜,上甲岁,伊宾。(《合集》27057)

(16)贞:其卯羌,伊宾。王其用羌于大乙,卯唯牛。(《合集》26955)

这里的"伊"就是伊尹,在卜辞中是商人的先臣神。于省吾根据(16)辞,提出"由此可见,伊尹……从祀上甲"。所以,宾有从祀的含义。在上两辞中,伊尹不但从祀上甲,而且从祀大乙。可见上甲、大乙的地位高于伊尹。

总之,商代的"帝臣"包括商代的祖先神,因而祖先神是帝的下属。并且,商代的帝不是商王的祖先神,但是祖先神可以影响帝。另外,商代的祖先神内部也有一定的高低、统属关系,商王祖先神的地位要高于商民的祖先神和先臣神。

自然神与帝、祖先神的关系

商代的自然神有日、月、星辰、风、雨、云、山川、社、河、岳等，还应包括东母、西母、四方和四方风。

关于帝与自然神的关系，我们可以通过分析自然神中的五方神灵、风、云、䈰、江与帝臣的关系来了解。

商代自然神中负责五方事务的神灵是帝臣。商代有"帝五臣""帝五臣正""帝五工臣"，见下列卜辞：

（17A）王侑岁于帝五臣正，隹（惟）无雨。

（17B）☐䒕侑于帝五臣，有大雨。

（17C）辛亥卜，☐五臣☐。(《合集》30391)

（18）庚午贞：䈰大雋，于帝五工臣宁。在祖乙宗卜。(《合集》34148)

（19）贞：其宁䈰于帝五工臣，于日告。(《屯南》930)

（20）癸酉贞：帝五工臣其三百四十牢。(《合集》34149)

上辞中的"帝五臣正""帝五工臣""帝五臣"是同类神灵，是"帝臣"的一种。

《合集》34148

那么，它们到底是哪些神灵或者说由哪些神灵担任呢？传世文献中的材料为我们提供了线索。《左传·昭公十七年》记载郯子在回答鲁国昭子关于少皞氏以鸟名给官职命名的问题时，说道：

> 我高祖少皞挚之立也，凤鸟适至，故纪于鸟，为鸟师而鸟名……五雉，为五工正。

上引材料中"工""正"意义相同，为同位语结构。"五工正"就是"五工""五正"，因其由"臣"担任，所以有时又被称为"五臣正"或"五工臣"。"五工正""五工臣""五臣正"应当是固定一类官职的特定称谓，时代变化，但其官职的性质应当是大体不变的。

"五雉"，杜预注："五雉，雉有五种。西方曰鷷雉，东方曰鶅雉，南方曰翟雉，北方曰鵗雉，伊、洛之南曰翚雉。"孔颖达疏："五雉必取五方。伊、洛，土之中。区明其取，翟雉与四方之雉为五也。"可见，"五工正"就是执掌东、南、西、北、中五方的官员。与人间相似的，商代神灵世界中的"帝五臣正""帝五臣""帝五工臣"应当就是执掌东、南、西、北、中五方的神灵。概之，商代有帝臣负责东、南、西、北、中五方的事务。

负责五方的神灵是自然神的一种。(17)至(20)辞说明，商代负责五方事务的神灵是帝臣。

另外，商代自然神中的"风"是帝的使者，因而是帝臣。卜辞中还有如下记载：

（21）于帝史（使）风二犬。（《合集》14225）

（22）燎帝史（使）风牛。（《合集》14226）

（23A）贞：帝风三羊、三豕、三犬。

（23B）贞：帝风。

（《合集》14360）

（24）☒帝风九犬。

（《合集》21080）

（25）辛未卜，帝风不用，雨。（《合集》34150）

（26）辛未卜，帝风不用，雨。（《屯南》2161）

《合集》14225

（22）辞中的"燎"为祭名。（23）（24）（25）（26）辞中的"帝风"当即"帝使风"。上文（6）辞已经指出"帝使"是帝臣，这里的"风"是帝的使者，因而它也是"帝臣"。

还有，商代自然神"云"是"帝臣"。卜辞载：

（27）贞：燎于帝云。

（《合集》14227）

《合集》14227

（27）辞中"帝云"的称谓形式与（23）（24）（25）（26）辞中的"帝风"相同。辞例虽然没有明确指出"帝云"的职务，但是它当属于"帝臣"。可见，商代神灵世界里的"云"也是帝臣。

商代兴起蝗灾的自然神"𧓤"是帝臣。请看下列卜辞：

（28A）壬子，贞：㞢米帝𧓤。

（28B）弜㞢米帝𧓤。（《合集》33230）

（29A）壬□，贞：□米［帝］𧓤。

（29B）弜㞢米帝𧓤沘。（《合集》33231）

（28）（29）辞中的"㞢"是人名，"米"为祭名，"沘"是地名。"𧓤"字的字形像蝗虫，在上辞中，"𧓤"应指能兴起蝗灾的神灵。（28）（29）辞大意为㞢向帝𧓤举行米祭，希望它止息蝗灾。𧓤当是自然神的一种，从（28）（29）辞可知，它是帝臣。

商代自然神中的"江"也是帝臣。卜辞载：

（30A）辛亥卜，帝𡉈（江）[①]岂我。

（30B）辛亥卜，小祢北巫。（《合集》34157）

（31A）辛亥卜，帝𡉈（江）岂［我］。

（31B）于雷烄。

[①] 饶宗颐：《殷代历史地理三题·帝江、工方考》，唐晓峰主编：《九州（第三辑）》，商务印书馆2003年版。

（31C）于氿燎。

（31D）于兮燎。(《合集》34482）

"帝江"又见于《山海经·西山经》，内容为："又西三百五十里曰天山，多金玉，有青雄黄。英水出焉。而西南流注于汤谷，有神焉，其状如黄囊，赤如丹火，六足四翼，浑敦无面目，是识歌舞，实惟帝江也。"据饶宗颐考证，帝江是江水之神。它可能和商代的河、社、岳一样，都属于自然神。从（30）（31）辞可见，商代的"江"也是帝臣。

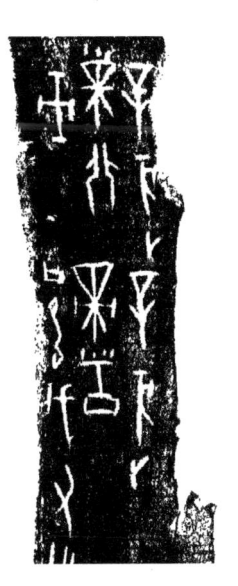

《合集》34157

综上所析，从五方神灵、风、云、 、江来看，商代的自然神均是帝臣，因而商代的自然神都是帝的下属。

关于商代自然神和祖先神之间的关系，《山海经·大荒北经》中有这样一段材料：

> 黄帝乃令应龙攻之（蚩尤）冀州之野。应龙畜水，蚩尤请风伯、雨师纵大风雨。黄帝乃下天女曰"魃"（以止雨）。雨止，遂杀蚩尤。

黄帝、蚩尤，应当就是商人祖先神范畴里的先王神。蚩尤能请（并非命令）自然神风伯、雨师为自己作战，黄帝能让天女止雨。说明祖先神和自然神之间是平等的关系，它们之间可以相互帮助。

殷墟卜辞中有这样的卜辞：

（18）庚午贞：煑大雧，于帝五工臣宁。在祖乙宗卜。(《合集》34148)

上文已经指出五工臣是管理五方的神灵，因而是自然神。但是从（18）辞看，对于五工臣的祭祀，却在祖先神"祖乙"的宗庙里举行，这也说明商人希望祖乙向五工臣传达祭祀的意愿，从而达到止息蝗灾的目的。这条卜辞也可证明祖先神、自然神是一种平等互助的关系。

总之，从五方神灵、风、云、煑、江来看，商代的自然神都是帝臣，因而是帝的下属。另外，从《山海经》等资料看，商代的自然神和祖先神之间是一种平等的关系，他们之间可以互相帮助。

商代人间世界里的帝臣及其思想史意义

从文献记载看，商代不仅神灵世界里有帝臣，而且人间世界也有帝臣。

《论语·尧曰》载：

《论语·尧曰》关于人间世界也有帝臣的记载

(汤)曰:"予小子履,敢用玄牡,敢昭告于皇皇后帝。有罪不敢赦。帝臣不蔽,简在帝心。朕躬有罪,无以万方。万方有罪,罪在朕躬。"

这段材料的"曰"字之前本来缺少主语,因而郑玄就误把这段文字当成是舜命禹事。但是传世文献中有类似的记载,见下:

在《汤誓》曰:"余一人有罪,无以万夫;万夫有罪,在余一人。"(《国语·周语上》)

汤曰:"惟予小子履,敢用玄牡,告于上天后,曰:今天大旱,即当朕身履,未知得罪于上下,有善不敢蔽,有罪不敢赦,简在帝心。万方有罪,即当朕身,朕身有罪,无及万方。"(《墨子·兼爱下》)

昔者汤克夏而正天下，天大旱，五年不收。汤乃以身祷于桑林，曰："余一人有罪，无及万夫。万夫有罪，在余一人。无以一人之不敏，使上帝鬼神伤民之命。"于是翦其发，酈其手，以身为牺牲，用祈福于上帝。民乃甚说。雨乃大至。（《吕氏春秋·顺民》）

汤曰："朕身有罪，无及万方；万方有罪，朕身受之。"（《尸子·绰子》）

传《书》言："汤遭七年旱，以身祷于桑林，自责以六过，天乃雨。"或言："五年。祷辞曰：'余一人有罪，无及万夫。万夫有罪，在余一人。天〔无〕以一人不敏，使上帝鬼神伤民之命。'于是剪其发，丽其手，自以为牲，用祈福于上帝。上帝甚说，时雨乃至。"（《论衡·感虚》）

可见都是商汤祈雨告天之辞。因而《论语·尧曰》也是商汤祷天之辞，故我们可在"曰"前补一"汤"字。小子，商汤谦称。履，商汤之名。上引材料大意为，汤说，我小子履，用黑色的雄畜，来祭祀并明告于天帝：有罪之人，我不敢擅赦；帝臣不敢隐蔽，是因为简阅在天帝之心的缘故；我一个人若是有罪，不要怪罪万国，万国若是有罪，责怪我一人。

关于帝臣所指，何晏集解："言桀居帝臣之位，罪过不可隐蔽，以其简在天心故也。"邢昺疏："帝臣，谓桀也。桀是天子，天子事天，犹臣事君，故桀为帝臣也。言桀居帝臣之位，罪过不可隐蔽，以其简阅在天心故也。"皇侃也说："帝臣，谓桀也。桀是天子，天子事天，犹臣事君，故谓桀为帝臣也。"三人俱认为帝臣是指夏桀。

在《论语笔解》中，韩愈说："帝臣，汤自谓也，言我不可蔽桀之罪也。"李翱曰："此是汤称帝臣明矣。"二人均认为帝臣是指商汤。刘宝楠《论语正义》、王闿运《论语训》则以"帝臣"为禹。朱熹曰"而天下贤人，皆上帝之臣，已不敢蔽"，则认为"帝臣"指的是天下的贤人。

那么，孰是孰非？

较早历史时期的文献中也有引用这段材料的，我们可以据之了解"帝臣"的真实含义。兹引如下：

> 《墨子·兼爱下》："汤曰：'予小子履……未知得罪于上下，有善不敢蔽，有罪不敢赦，简在帝心。'"孙诒让《墨子间诂》："《论语集解》包咸云：顺天奉法，有罪者不敢擅赦。"
>
> 《尚书·汤诰》："王归自克夏，至于亳，诞告万方。王曰：'嗟尔万方有众，明听予一人诰。……尔有善，朕弗敢蔽；罪当朕躬，弗敢自赦，惟简在上帝之心。'"伪孔传云："所以不蔽善人，不赦己过，以其简在天心故也。"

《汤诰》虽属于伪古文尚书，但也成书于魏晋之际，梅赜在伪造时当有所本。从上可知,《墨子·兼爱》《尚书·汤诰》是将"帝臣"理解为"有善""尔有善",即民众中的善人。如此看来,还是朱熹对于《论语·尧曰》中帝臣的理解更接近商汤的本义。据此可见,早在商汤之时,在人们的观念中,人间世界里的贤人属于"帝臣"的范畴。

总之,《论语·尧曰》中与"帝臣"有关的一段话是商汤说的。从《墨子·兼爱》《尚书·汤诰》等文献记载看,朱熹对于帝臣的理解是正确的,即指人间之贤人。可见,在商代,人间世界里的贤人是帝臣。

商代帝臣的这层内涵的发现,有着很重要的思想史意义。它表明商代人虽然重视神灵的作用,但是他们在神灵面前,并非无能为力,而是通过他们认为的"帝臣"——人间贤人——来影响帝,从而在神灵观念中注入了人文的因素。这从某种程度上反映了人类理性在早期的觉醒。

笔者在前辈学者研究的基础上,以帝臣为视角对商代的神灵关系进行了补充探讨。

商代的帝臣就是帝的臣,是帝的下属。商代的帝臣,有的位于神灵世界,有的位于人间世界。

商代绝大多数帝臣分布在神灵世界里。商代神灵世界里的帝臣有一定的分职,有帝臣左右商王的祸福,有帝臣任帝的使者,有帝臣为帝的工臣和宗正官。

从祖先神羞、汤来看,商代的祖先神是帝臣。同时,从自然神中的五方神灵、风、云、江和兴起蝗灾的神灵螽来看,商代的

第九章　商代的神灵关系 | 237

四人面陶器盖（商代后期，现藏河北省文物研究所），四个人面微向上仰，双目阴刻"臣"字。

玉龙（商代，出土于河南安阳妇好墓）。头微昂，两眼作"臣"字形。

自然神也是帝臣。因而，商代的祖先神和自然神都是帝的下属，帝是商代的至上神。

商代的帝并不是商王的祖先神，但是祖先神可以影响帝。商代的祖先神内部也有一定的统属关系，商王祖先神的地位要高于商民的祖先神和先臣神。

商代的自然神和祖先神之间是一种平等的关系，它们之间可以相互帮助。

最后，商代的人间世界也有帝臣。不少甲骨文以及其他器物上都有"臣"字。从文献记载来看，在商人的观念中，人间的贤人也是帝臣。

第十章

商代的文化以及考古遗迹

商代的考古遗址，以无声的语言告诉人们许多三千多年前华夏大地的史实。西北冈商代王陵区大墓的发掘，让我们读懂了当年的墓葬规模和礼仪。藁城台西商代遗址揭示了商代中期的文化风貌。小屯村殷墟是商代后期的都城所在，仅甲骨文一项已成为中国古代文化的至宝。远在万里之外的四川广汉三星堆遗址，发掘出了大量属于山东地区龙山文化类型的青铜器和其他商代文物，雄辩地证明商代的统治力和文化影响力已远至四川乃至更远的地区。[1]

西北冈王陵区大墓：商代王室墓葬文化

西北冈王陵区大墓是历代商王的墓葬，它们反映了商王的墓葬形制、王室生活等方面的文化。

---

[1] 本章的撰写参考了中国社会科学院考古研究所《殷墟的发现与研究》《殷墟妇好墓》；四川省文物考古研究所《三星堆祭祀坑》；河北省文物研究所《藁城台西商代遗址》；江西省文物考古研究所、江西省博物馆、新干县博物馆《新干商代大墓》；齐文心、王贵民《商西周文化志》等论著。

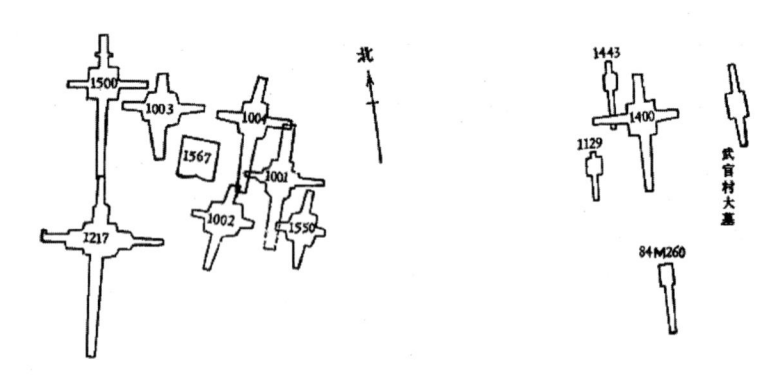

侯家庄西北冈大墓分布图

西北冈是商代的王陵区，它位于小屯村北约2.5公里处的洹河北岸。这个地区的墓葬分布于东、西两区。考古人员在西区发掘了带有四条墓道的大墓七座，只有墓坑、没有墓道的未完成的大墓一座，规模很小的一条墓道的墓一座。在东区发掘了四条墓道的大墓一座，两条墓道的墓葬三座，一条墓道的墓葬一座（传出土后母戊大鼎的墓）。根据规格和出土器物来判断，这其中带有四条墓道的八座大墓应是商代王室的墓葬。

这些墓葬都是南北向的；墓室口大底小，呈方斗形；墓道长短不一。它们都曾被多次盗掘，很多埋藏物被席卷而走，然而，一些特大的铜器，如后母戊鼎，因为庞大沉重就没有被盗走（被截去一耳），这样，仍遗留下来了一些制作精致、工艺水平很高的器物。

下面重点介绍其中几座大墓（墓葬的编号见上图）。

（一）1001号大墓。此墓带有四条墓道，墓室呈亚字形，有东西两耳室。墓室南北长18.9米，东西长21.3米，深10.5米。四条墓道呈坡状。墓底铺木板，四壁也由木板筑成，皆已朽坏。这些木板之前应该涂红色，雕刻花纹，镶嵌野猪牙。

1001号大墓的殉人和人牲数量众多。

墓葬的底部有九个小坑，正中一个，四角各两个。每小坑内埋一人一犬（其中一坑无犬）和一戈；正中的坑内埋葬的是石戈，其余小坑内是铜戈。这九个人应是墓主人生前的守卫。木椁外侧西南角填土中有一人。木椁顶的周围有十一人，他们或俯身葬或仰身葬，有的还有绿松石配件，有的有铜戈等兵器，可能是管理仪仗队的侍从。

西、北两墓道内各有一坑，一坑内埋葬一人。南墓道和东墓道以及东耳室有无头躯体骨架六十一具。四条墓道都有人头骨，均面向墓室，其中东墓道三组六个，西墓道四组十一个，南墓道十四组四十二个，北墓道六组十四个。

在大墓墓室东侧，有三十七个埋人和动物的坑。其中埋人的坑二十二个，共埋人六十八个；埋马的七个；内容不明者两个，被破坏者六个。这些人应该是墓主人生前田猎的侍从，马是田猎用的。

（二）1004号大墓。它带有四条墓道。墓室为长方形竖穴。墓室南北长17.9米，东西宽15.9米，口至底部深12.2米。

此墓遭到多次盗扰。但在南墓道底有一处未经盗扰，其中保存了很多随葬品，分为四层。最底层是车饰、皮甲及盾等物；第三层放置一百多个铜盔，三百七十把铜戈；第二层是三百六十个铜矛头，矛尖朝下；最上层有一石磬、一碧玉棒和一牛方鼎、一鹿方鼎。墓室东侧有一小坑，坑内有一俯身人架，人架下有腰坑，内有一狗骨。在墓室内还发现人头骨十二个。

（三）1500号大墓。为一座四条墓道的大墓。墓室近方形，墓口南北长18.45米，东西长18.05米。此墓经过多次盗掘，但仍发掘出大理石石俎和三对大理石雕兽等器物。发掘有两个殉人墓，在墓道和墓室填土中发现人头骨一百一十四个。其中很多人头骨均面向墓室。

（四）武官村大墓。是一座两条墓道的大墓。墓室为一长方形竖穴，口大底小。墓口南北长14米，东西宽12米，自墓口至底深7.2米。墓底有腰坑，内埋一人一戈。二层台上有殉葬人，东侧十七人，西侧二十四人，有的殉葬人有棺木或铜鼎等随葬品。墓室的填土中有人头骨二十九个，在盗坑中还有五个人头骨。

北墓道有四个长方形坑，南坑有两具对蹲人架，一人执戈，一人握铃。东、北、西坑分别埋马六匹、六匹和四匹。南墓道有三个长方形坑，每坑埋马四匹。近墓室处有一跪葬人，旁葬一狗。

（五）260号墓。一条墓道墓。传1939年在此墓中出土了后母戊大鼎。墓室为一长方形竖穴坑，口大底小。墓口南北长9.6米，东西宽8.1米，墓口至底部深8.1米。在墓道底和墓室之间有一生土隔梁。墓室底部有一腰坑，内埋一人一犬一大玉戈。在墓

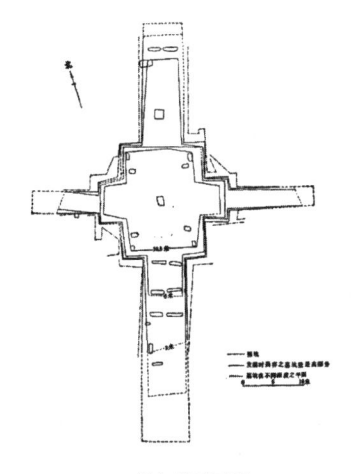

第十章　商代的文化以及考古遗迹 | 245

1001号大墓平面图　　　　　　武官村大墓

道填土中，有集中在一起的二十二个人头骨。

关于西北冈王陵区八座带四条墓道大墓的墓主人，学者们认为只能是商王。有学者作了进一步推断，认为1001、1550、1400号墓的墓主人应为武丁、祖庚和祖甲；1004、1002、1500和1217的墓主人应为廪辛、康丁、武乙、文丁；1003号墓的墓主人是帝乙。1567号墓没有完成，此墓应是帝辛的，但因为帝辛自焚而死，并未埋入此墓地。①

---

① 杨锡璋:《安阳殷墟西北冈大墓的分期及有关问题》,《中原文物》1981年第3期。杨锡璋:《殷代墓地制度》,《考古》1983年第10期。

殷墟妇好墓：商代妇女婚姻文化

妇好是商王武丁的妻子。妇好墓是保存非常完好的一座墓葬。对它的发掘有助于我们认识商代的婚姻、妇女生活、历史等方面的情况。

河南省安阳市西北郊的小屯村殷墟是商代后期都城所在地，地下出土过丰富的商代遗物。之前，小屯村里一处岗地一直没有被发掘。1975年冬，当地掀起"农业学大寨"的高潮，村民们准备平整这个岗地。考古工作者为配合当地人的工作，先对这个岗地进行了全面勘查，发现岗地的下面有数座商代的房屋基址。

1976年，考古人员对此处进行了正式发掘，发现了属于商代的十多座房基、十多座墓葬、八十个灰坑和一座唐代墓葬。被考古人员编排为五号的殷墟妇好墓就是在这次被正式发掘的。

妇好墓的上部压着房基一座。房基长约6.5米，宽约5米。门道可能向东。在房基面上排列着规整的柱洞六个，房基外侧东、西、北三面皆有成行的夯土柱基。这所房子应为享堂建筑。

妇好墓是一个长方形竖井墓，墓口长5.6米，宽4米，深7.5米。在距离墓口6.2米的东西两壁中挖有壁龛。墓底四壁有经过夯打的熟土二层台。在墓底的中部稍偏南的地方有一腰坑。墓圹内从口至椁顶均填红褐色土，填土分层夯打，在填土中埋有随葬品。

墓室内有木棺、木椁，但由于长期浸泡在水中，大部已经腐朽。在棺木底部，没有发现人骨，墓主人的遗骸已经腐朽。在墓圹中，至少有殉人尸骨十六具，其中四人埋在椁顶上层，三人埋在壁龛中，一人在腰坑里，八人在椁内棺外。他们当中有男性四人，女性两人，儿童两人，其余的人已经鉴定不出性别。这些人中，至少一人被砍头，一人可能被腰斩。有殉狗六只，一只埋在腰坑中，其余五只均埋葬在椁顶上层。

妇好墓共出土随葬物品一千九百二十八件，其中铜器四百六十八件、玉器七百五十五件、石器六十三件、宝石制品四十七件、骨器五百六十四件、象牙器皿三件及残片两件、陶器十一件、蚌器十五件。另外还有脉红螺两件，阿拉伯绶贝一件和作为货币的海贝六千八百二十多枚。其中，带有铭文的铜器一百九十件，铸有"妇好"铭文的有一百零九件。

下面，我们来看妇好墓出土的一些典型器物。

（一）后母辛大方鼎。出土了成对的两件，都为长方形口，口下长边一面的内壁上有"后母辛"三字，两耳直立于两短边的口沿上，四条圆柱形空心足。（二）妇好长方扁足鼎。成对两件。均为长方形口，底里中部有铭文"妇好"。（三）亚弜大圆鼎。一件。大口，方唇，三足较短，略成锥形，中空。（四）妇好三联甗。一套四件。由长方形器身和三件大甑构成。长方形器身上有三个高出的喇叭状圈口，圈口间距大致相等，体腔中空，平底，下有六足。在中间圈口的内壁有"妇好"二字铭文。甑敞口方唇，下腹急收，口下内壁和两耳下的外壁分别铸有"妇好"铭文。这个三联甗可以同时蒸出三大甑食品，又可移动位置，是一种很独特的炊具。（五）妇好鸮（xiāo）尊。成对两件。头部微昂，胸略

后母辛方鼎及其铭文

妇好长方扁足鼎及其铭文

外突,双翅并拢,两足粗壮有力,口下内壁里有"妇好"二字。(六)妇好大型钺。两件。身呈斧形,弧形刃。钺身两面靠近肩处饰有虎扑人头纹,人头居于两虎口之间,大鼻小口,虎作侧面形。钺身中部有铭文"妇好"二字。(七)玉人一。黄褐色,圆雕，跪坐，双手抚膝，长脸尖颔，长细眉，双目视前方，大鼻小口，小耳。(八)玉人二。白色，圆雕，跪坐，头微低，尖颔，前额突出，高颧骨，粗眉大眼。(九)玉凤。一件。黄褐色，浮雕，作侧身回首状。(十)象牙杯。共三件，其中有两件成对。它们造型美观，雕琢精致，是国宝级的文物。

妇好也见于殷墟甲骨文的记载。从甲骨文相关资料来看，妇好是武丁非常得力的助手，帮助武丁处理很多事情。在《合集》938反"[妇]好示五"中，示就是检视，是说妇好检视了五片进贡来的龟甲。《合集》2641"妇好往燎"，意为妇好主持燎祭。《合集》2656正面"好允见右老"，右老是教育贵族子弟的老师，妇好见右老是关心王室子弟的教育问题。

妇好还有卓越的军事才华，参加了多次商王朝对外方的战争。《英藏》150正面"登妇好三千，共旅万，呼伐囗"，意为先供给妇好三千士兵，后又供给一万个兵士，命令妇好攻打囗。妇

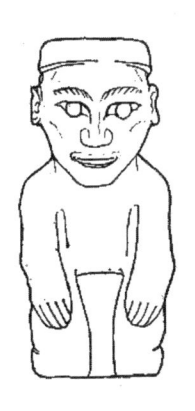

妇好墓出土玉人　　　　　　妇好墓大型钺

好一次能统率一万三千个士兵，其出色的指挥才能和号召力令人钦佩。《合集》6412"妇好伐土方"、《合集》6478正面"妇好比沚貳伐巴方"、《合集》6459"妇好令正（征）夷"，可见妇好参加了攻伐土方、巴方、夷方的战争。

妇好毕竟是个女人，她要生孩子，《合集》154"贞：翌庚寅妇好娩"是对妇好在第二年庚寅是否会生孩子进行贞问。《合集》14003正"贞：妇好娩，嘉"是对妇好生育是否顺利进行贞问。妇好是武丁的妻子，他们之间有着深厚的感情，所以武丁对妇好的健康很关心，《合集》773甲"妇好弗疾齿"，是武丁对妇好是否患有牙齿疾病进行贞问。《合集》709正面"妇好有疾，惟有害"，是对妇好生病是否危及生命进行贞问。

对殷墟妇好墓的科学发掘无疑为我们进一步认识妇好提供了宝贵的材料。对殷墟妇好墓的发掘有着非常重要的意义，表现在：（一）墓主人是商王武丁的妻子，像这种能确定墓主人身份和墓葬时代的，在

妇好墓象牙杯

妇好墓玉凤

殷墟发掘史上还是第一次；（二）随葬品丰富精美，其中有很多铜器、玉器和石器上面的铭文可与甲骨文相印证，对殷商历史和甲骨文断代的研究大有裨益；（三）墓内所出的铜礼器群和武器，以及大量玉石器等，大体上反映了武丁前后商王朝礼器群的类别和组合，是研究商代礼制的重要资料；（四）墓室保存完好，经过科学发掘后，保留了多方位、多层次的信息。

三星堆祭祀坑：商代祭祀面具文化

三星堆遗址位于四川省广汉市三星堆镇北面，是从新石器时代至商周时期的文化遗存。一、二号祭祀坑是三星堆遗址的一部分，以出土大量独特的商代文物著称于世。三星堆遗址标志着商代时期一处独特的地域文化，它的内容反映了当时西南地区的祭祀情况。

三星堆遗址的发现和发掘经历了以下几个阶段。

1929年春，四川广汉城西北约8公里太平场的农民燕道诚和他的儿子们在挖水塘的时候，发现了一些玉石器。社会阅历丰富的燕道诚当即将这些玉石器掩埋起来，晚上才与自己的家人

金面铜人头像
（采自三星堆博物馆官网）

将这批玉器全部挖掘出来，共得圭、璋、琮、璧、镯、斧等四百余件。燕氏父子将这批文物运回家中，埋藏起来。所以很长一段时间人们并不知道此地有文物出土。后来，燕家将一批文物卖给古董商，有的送给亲朋好友，这样，当地出土文物的消息逐渐传播开来。

1931年春，在广汉传教的英国传教士董笃宜（V. H. Donithorne）对这批玉石器产生了兴趣，他开始收集相关文物，并最终将它们交给华西大学博物馆保管。1934年，华西大学博物馆馆长葛维汉（David C. Graham）和助理林名钧组成考古队，对燕道诚发现玉石器的地方进行发掘，总共发现有价值的文物六百余件。之后，对于三星堆的发掘由于战乱而停顿了下来。

1956年，考古人员恢复了对三星堆遗址的考古工作。1963年，四川大学历史系等单位在冯汉骥带领下发掘了三星堆遗址的月亮湾等地点。

三星堆遗址真正引起人们的重视是在20世纪80年代。1980年，考古工作者在这里发现了古建筑遗迹和大量的石器、陶器。1986年，更大规模的发掘动工，此次出土的器物非常丰富，但没有突破性的发现。1986年7月18日和8月14日，在砖瓦厂挖方组工人的帮助下，考古人员先后发现了三星堆一、二号祭祀坑。

一号祭祀坑为长方形，口大底小。坑口长4.5—4.64米，宽3.3—3.48米；坑底较平，长4.1米，宽2.8米；整个坑深1.46—1.64米。一号祭祀坑出土金、铜、玉、石、骨、陶、象牙等质料的文物三百多件，以及海贝和约三立方米的烧骨碎渣。

一号祭祀坑出土了诸多的文物，我们下面看其中一些典型的文物。

金面罩，残宽22厘米，高9厘米。用纯金模压而成，双眉，双眼镂空，鼻部凸起。大小与铜头像相似。

跪坐人像，高15厘米，头发从前向后梳，再向前卷。脸部宽大，眼珠外凸，耳朵竖直，耳垂穿孔，张口露齿。上身穿右衽长袖短衣，下身穿犊鼻裤，双手扶膝，腕各戴二镯。整个人呈跪坐状。

跪坐人像

爬龙柱形器，通高40.5厘米。器身为圆柱形，器顶平。器顶有一龙，龙口大张，露齿，有胡须。头上有犄角一对，犄角内侧又有小角一对，两后爪紧抓器壁两侧，尾上卷。此器物生动地体现了中原龙文化的特色。

三星堆金箔虎形饰

虎形器，圆座直径8厘米，虎身长12厘米，残高12厘米。眼睛呈圆形，耳朵尖大，尾巴竖直，口部张开，牙齿外露。身体肥硕，四足立于一圆圈座上。尾部残缺。此类虎形器在中原古代文物中也时有发现。

再看二号祭祀坑的情况。

二号祭祀坑是长方形竖穴，坑壁外斜。坑口长5.3米，宽2.2—2.3米，距地表0.55—0.65米。坑底长5米，宽2—2.1米，距坑口1.4—1.68米。

二号坑里的遗物分为上、中、下三层。下层主要是大量草木灰烬、小型青铜器、青铜兽面、青铜树枝、玉石器和大量的海贝等。中层为大件的青铜器，如大型立人像、车型器、大型人面像、人头像、树干、树座、尊、罍等。上层主要是六十余枚大象的门牙交错叠压在一起。

青铜爬龙柱形器。器身呈圆柱形，上大下小。器上有一龙昂首站于器顶，下身垂于器壁，两只后爪紧抱器壁两侧，尾上卷。龙口大张，作啸吼状。

大型青铜立人像，头戴花状高冠，冠顶中间似盛开的花朵，两侧似叶。立人粗眉大眼，方颐大耳，鼻棱突出，嘴角下勾。两耳垂下，各穿一孔。颈部细长。右臂上举，右手置于鼻前，左臂平举，左手与胸平齐，左右手各戴三个镯。双手握成环形，极度夸

青铜太阳形器

张。穿单袖长襟衣，后摆呈燕尾形。两小腿上各有方格形脚镯，赤脚，站立在方座之上。座分上、下两层，上层为方座。方座下由一倒置兽头连接下层，下层座为梯形、素面。立人像的花冠高17.7厘米，人自冠下至足底高163.5厘米，座高78.8厘米，通高260厘米。

小人像，通高13.3厘米，头戴平顶双角冠，粗眉大眼。高鼻梁，大嘴，嘴角下勾，脖颈粗短。身穿对襟长服，腰束带二周。双手张开抚按腹部。右腿蹲屈，左腿单膝跪地。两脚赤裸。

青铜立人像及局部纹饰

人头像，圆头顶，粗眉大眼，蒜头鼻，嘴角下勾。耳垂各穿一孔。后脑较圆，发向后梳理，带有蝴蝶型花笄。颈部上细下粗。

人面像，通高65厘米，宽138厘米，厚0.5—0.8厘米，眉尖上挑，阔眉大眼，双眼狭长。眼球极其夸张地突出于眼眶之外。鹰钩鼻，大嘴，嘴角上翘至耳根处。双耳极大，耳尖向斜上方伸出，似桃尖。额头的中部和面颊的左、右两侧上下各有一小方

小人像　　　　　　　　　　人头像

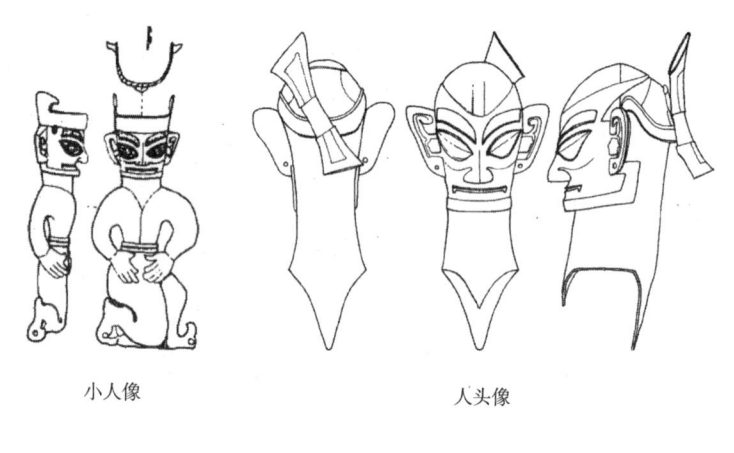

人面像

孔。根据这些来推测，这个人面像最初可能是悬挂在某个建筑或图腾柱上的。

　　三星堆一、二号祭祀坑出土了多达千余件的精美青铜器，还有大量玉器、象牙器、金器，其精美程度可与同时代的中原文化相媲美。在一号祭祀坑中发现的一条金腰带上，雕刻有逼真的游鱼，还有振翅欲飞的小鸟，这些与商族的鱼、鸟崇拜何其相似！至于一些器物上的龙文化，明显说明它是源于中原地区的。从

三星堆博物馆外景

一、二号祭祀坑可知，在殷商时期，中原文明已经盛传于中华大地的四面八方。

1992年，三星堆博物馆奠基，1997年建成开放。

2021年3月至2022年9月，三星堆遗址考古发掘了新发现的六个祭祀坑，出土文物一万五千一百零九件，近完整器四千零六十件，包括大量象牙和青铜神兽、戴金面具的青铜人头像、青铜祭坛等极具特色的出土物。

藁城台西商代遗址：商代居室文化

发掘于河北省的藁城台西遗址是一处商代中期的文化遗存，包括居住遗址和墓葬。它反映了商代一般贵族和普通民众的居住状况。

1973—1974年，考古人员对藁城县（今石家庄市藁城区）岗上镇台西村以三个土疙瘩——北台、南台、西台——为中心、面积约为十万平方米的古代遗址进行了发掘，发现十四座房子、两眼水井，一百三十四个灰坑，一百一十二座墓葬，获得三千多件遗物。

这处遗址发掘的十四座房子的时代有早晚。一座半地穴式房子和一座地面建筑属于早期，另外一座半地穴房子和十一座地面建筑属于晚期。所有的十二座地面建筑均为以木材为梁架、以夯土和土坯作墙壁；都是长方形结构，每座有一至六间不等的房间，每间4—6米长，3米宽。每座房子都有窄小的门道，有的门道内还有下坎，有的房子还有门楼式建筑。其中有一座房子是酿酒作坊。

编号为十一的是一座早期半地穴房子，长5米、宽1.6米、深0.2—0.7米。中间有一堵矮墙将房子分为东、西两间。东室的西北角有一灶，西室的西南角有一个用来储藏的窖穴。门道开在整座房子的南边。此房屋可能安装了门轴。它的屋顶是用草泥涂抹的。

编号为四的房子是一座地面建筑，长12.25米，宽4米，中间有一道隔墙，将房子分为两室。东室在南墙偏东的地方开了一个小门，东墙上有一扇风窗。

酿酒作坊是一面斜坡顶式的厦子——形同棚子式的建筑。它是建造在高出地面的台基上的建筑。这座房子由两个单室组成，中间有很窄的部分相连，从而相通。房子里出土了很多罐式陶器。其中一个大陶罐内发现了8.5公斤的白色水垢状沉淀物，据专家分析，这是人工培植的酵母，是我国目前发现的最早酿酒发酵用的实物资料。在另外四件大陶罐内发现了桃仁、李核、枣核、草木樨、大麻籽等植物种仁，其中大部分可作为酿酒的原料。

这个遗址中发现的晚期十二座房子，井然有序，应该是一组建筑。房子的方向完全一致，相互之间有狭道相连，有的房子还有院落。它们应该是经过规划设计而建造的。

两眼水井的底部都有圆木搭成的井圈，井圈内还有取水时用的陶罐。有的罐子颈部有绳子捆绑的痕迹，应是为了取水之便而系的。有一眼水井距离酿酒作坊很近，它可能就是酿酒时的取水

四号房子复原图（采自《藁城台西商代遗址》）

藁城台西酿酒作坊复原图（采自《藁城台西商代遗址》）

之所。另一眼水井里发现了目前所知的中国境内最早的木桶。

一百三十四个灰坑中属于早期的有四十七个,属于晚期的有八十七个。这些灰坑有的是附属于房子的,有的则附属于墓葬,有的是祭祀坑,有的是垃圾坑,有的是殉兽坑。这些灰坑的形状有圆形、椭圆形、长方形、马蹄形和不规则形等多种。

一百一十二座墓葬中大多是成人墓,儿童墓仅占五分之一。所有的墓结构都比较简单。其中仰身葬的墓四十八座,俯身葬的三十座,屈肢葬的十一座,还有其他形式的一些墓葬,有一些墓里有殉人。有十座墓里人体的腿骨全部或一半被截去,有的上面还有刀砍或锯子锯的痕迹,这些人应该受过刖刑。很多墓葬里有随葬物。

藁城台西商代遗址中有一些出土文物很值得重视。

考古人员在一座墓葬中发现了一把铁刃钺,说明商代中期的人们就对铁有了一定的认识,而且把锻铁技术运用到了兵器的打造上,这为探讨我国用铁的年代提供了宝贵的材料。从甲骨文来看,商代已经有了对疾病的治疗和卫生保健方面的记载。藁城台西的地层和房子内发现了三十余枚桃仁和郁李仁,据相关的专家鉴定,它们是药用的。这是我国最早的药物资料。在一座墓葬中出土了砭(biān)镰。它的功能相当于手术刀。这是我国目前发现最早的一件古代医疗工具。考古人员在很多青铜器的表面发现了丝织品的痕迹和一卷麻布;还发现了两件陶锭轮,推断当时已经有了纺车。遗址中还发现了最早的羊毛标本。

根据以上出土遗物，我们可以知道藁城台西遗址可能是商代的一座重要都邑。①

新干商代大墓：商代地域文化

新干大墓是位于江西省新干县大洋洲镇的一座商代后期墓葬，它反映了商代时期南方的地域文化。

该墓是1989年9月20日新干县大洋洲乡农民在程家涝背沙洲取土固护赣江江堤时发现的，后由考古工作者进行科学发掘和清理。此墓是一座长方形一棺一椁土坑墓，墓底距现地面2.15米，棺木位于椁室中部偏西。但由于时间长久，棺椁均已朽无，仅存一些椁板上的漆皮痕迹。

墓内出土青铜器四百七十五件，其中既有礼乐重器，也有工具、兵器及杂器等；玉器七百五十四件，可分为礼器、仪仗器、装饰品和饰件四类；陶器和原始瓷器一百三十九

双面神人头像

---

① 唐云明：《藁城台西商代遗址》，《河北学刊》1984年第4期。

件，分炊器、盛食器和生产工具；骨镞六件和朱砂若干；还有人骨和猪牙等。

下面介绍其中最具典型性的一些器物。

双面神人头像，通高53厘米，角高20.6厘米，面宽14.5—22厘米，重4.1公斤。头部两侧各有一角，角的末端呈卷曲状，角上有卷云纹。头顶的中部有圆管。两面均有眼睛，圆形外凸。耳朵呈竖立状，上部为尖形。鼻子肥大，有鼻孔。口部张开，两侧口角上翘，露出牙齿。口腔的上部有四颗牙齿，下部有八颗牙齿，多为长方铲形。下巴的中间有方孔。整个形象显得恐怖怪异。

侧身羽人佩饰

侧身羽人佩饰，通高11.5厘米，身高8.7厘米，背脊厚1.4厘米，前胸厚0.8厘米，用石制成，为棕褐色，有蜡状光泽。头顶戴一鸟形高冠，冠后有一圆孔，孔与三个相套的连环相套。眉毛宽粗，眼睛呈"臣"字状，耳朵长大，嘴部呈鸟喙尖状。胸部前凸，双手蜷曲于胸前。膝部弯曲上耸，脚底板与臀部平齐。腰部至臀部刻有鳞片纹。这件器物出土于墓主人的头顶部位。

伏鸟双尾虎，通长53.5厘米，通高25.5厘米，宽13厘米，厚0.35厘米，鸟高3.8厘米，重6.2公斤。形状像虎尊，内空。口部

伏鸟双尾虎（采自《新干商代大墓》）

张开，左右各露出一颗獠牙，眼睛外凸，眉毛宽粗，双耳竖立。颈部粗大，腹部下垂，后垂双尾巴，尾端上卷。虎的全身遍饰花纹，整个躯体庞大，怒目狰狞，作半卧欲纵之势。虎的背部伏有一鸟，尖嘴圆目，颈部竖立，尾巴短小。

鸟耳夔形扁足圆鼎，通高27.4厘米，口径16.7厘米，口沿宽1.5厘米，唇厚0.45厘米，耳高3.2厘米（连鸟7.9厘米），腹深10.1厘米，壁厚0.62厘米，足高13.3厘米，重1.3公斤。立耳近环状，耳上各伏一凤鸟。凤鸟眼睛外凸，嘴部尖长，翅膀收敛，尾巴短小。鼎腹纵深，腹壁较直，底部圜圆。腹底有三足。

乳钉纹虎耳方鼎，通高97厘米，口纵49.3厘米，耳高17.5厘米（连虎27厘米），腹深41厘米，壁厚0.4厘米，重49公斤。口沿之上有立耳，耳上各卧一虎。虎的耳朵竖立，眼睛外凸，

鸟耳夔形扁足圆鼎　　　　　　　乳钉纹虎耳方鼎

嘴巴略张,背部弯曲,足部弯曲。腹部呈仰斗状,柱足中空与腹通。

大型方内钺,通高35.2厘米,肩宽26.1厘米,刃宽34.8厘米,内高4厘米,内宽11.2厘米,厚0.2—1厘米,重6公斤。刃宽大于肩宽。钺的中部开一马鞍形镂孔,孔的形状是嘴角略翘的大咧口,露出两排三角形利齿,上下共13颗。

四足甗,通高105厘米,甑口径61.2厘米,耳高16厘米,(两耳上)鹿高14厘米,沿高5.4厘米,唇厚0.85厘米,壁厚0.8厘米,鬲高39.5厘米,鬲口径34.1厘米,裆高71.5厘米,足底径7.4厘米,重78.5公斤。它体型庞大,气魄雄伟,是目前发现最大的一件甗。甗由甑、鬲联体构成。甑为盘口,盘口上有大方形立耳,

大型方内钺　　　　　　　四足甗

耳上立一雄一雌小鹿。甗分裆较高。

新干商代大墓规模庞大，出土遗物数量众多，根据这些出土文物，大致可以断定它的墓主人是当时此地政权最高统治者或其家族成员。新干大墓的发现，有力地证明了在商代中期的时候，此地有一个与殷商王朝并存发展的政权。

新干商代大墓虽然规模宏大，随葬品丰富，但是人殉和杀牲并不像同时期的中原那样盛行，这说明商朝的丧葬礼俗在赣江流域并没有完全流行。这个墓葬中出土的器物有的受到了殷商文化的影响，有的则具有浓郁的地方特色，说明新干大墓所反映的文化特性不仅是中原文化传播的结果，而且也是与地方的吴城文化交融后的产物。

商代的文化

商人已经取得了一定的天文方面的成就。

商人已经会观测星象。《合集》11503反"侑新大星并火",其中的火就是商人观测的星象。《合集》11497正和11500正中的"鸟星"也是商人观测的星象。

商代的甲骨文中已经有了日食的记载。《佚》374 "日夕有食"就是反映日食情况的。《合集》11484正"六日□午夕月有食"、《合集》11485 "三日乙酉夕月有食"记载的是月食的情况。《英藏》886反"庚申月有食"是贞问在庚申日这天是否会有月食,也是关于月食的记载。商代日食、月食的记载,要比西方早数百年。

商代已经有了相当先进的历法。

甲骨卜辞中有一到十二月的记载,甲骨文中还有"十三月"一词,说明当时已经有了置闰的方法。

一月之中,人们往往以十天为一旬,有一旬、二旬、三旬。一旬之中超出几天,则用"旬又几日"来表示。商代的时候已经有了卜旬的习俗。

商人还以干支记日,用甲、乙、丙、丁、戊、己、庚、辛、壬、癸的十天干和子、丑、寅、卯、辰、巳、午、未、申、酉、戌、亥十二地支相配,构成甲子、乙丑至壬戌、癸亥的六十个干支,见下表:

1甲子	2乙丑	3丙寅	4丁卯	5戊辰	6己巳	7庚午	8辛未	9壬申	10癸酉
11甲戌	12乙亥	13丙子	14丁丑	15戊寅	16己卯	17庚辰	18辛巳	19壬午	20癸未
21甲申	22乙酉	23丙戌	24丁亥	25戊子	26己丑	27庚寅	28辛卯	29壬辰	30癸巳
31甲午	32乙未	33丙申	34丁酉	35戊戌	36己亥	37庚子	38辛丑	39壬寅	40癸卯
41甲辰	42乙巳	43丙午	44丁未	45戊申	46己酉	47庚戌	48辛亥	49壬子	50癸丑
51甲寅	52乙卯	53丙辰	54丁巳	55戊午	56己未	57庚申	58辛酉	59壬戌	60癸亥

六十干支可以记六十日。可以循环往复，以至无穷。

商代记录一昼夜的时段，已经有了很多名称，从早到晚有：旦、明、大采、大食、中日、昃、郭兮、小食、小采、暮、昏、夕等。有时还用"夙"，这个字大致指清晨。

商代有种类多样的舞蹈。

商人会用雩舞来祈雨。《粹》845"乃雩，无大雨"，是贞问举行雩舞，会不会有大雨。可见商人在求雨的时候，会跳雩舞。

商代有一种万舞，是文舞和武舞相结合，舞姿雄壮，场面盛大。《合集》30131"万其奏，不遘大雨"，是贞问举行万舞，是否会遇到下雨。

林舞可能是桑林之舞。《安明》1825"唯万舞。唯林舞，又正"，是贞问举行万舞，还是举行林舞。

韶舞是因伴舞击鼓而得名。《佚》413"置韶于丁"，说的就是举行韶舞。傩舞是一种头戴"黄金四目"的面具以驱逐鬼疫的舞蹈。商代的卜辞中有傩舞的记载。

商人跳舞的时候还会演奏一定的舞曲，《周礼·春官·大司乐》提到七种舞曲，其中的《大濩》就是商汤开国的时候命令伊尹创作的，同时还修订了《六列》《九韶》等舞曲。《合集》

35500"乙丑卜,贞:王宾大乙,濩,亡尤",是说商王在宾祭大乙的时候,演奏了濩曲。

商代的音乐文化也是十分丰富的。

上文所讲的舞曲就属于音乐。另外,根据《吕氏春秋·古乐》,商末的时候已经有了"大鼓、钟、磬、管、箫之音"。考古上发掘的一系列精美乐器,证实商代确实有了多彩的乐调。

商人能演奏出相当水平的音律。商代的三孔和五孔陶埙,已经可演奏出音调和美的音乐。说明古代的十二律音乐体系在商代就已经奠定了。

第十一章 商代的医疗

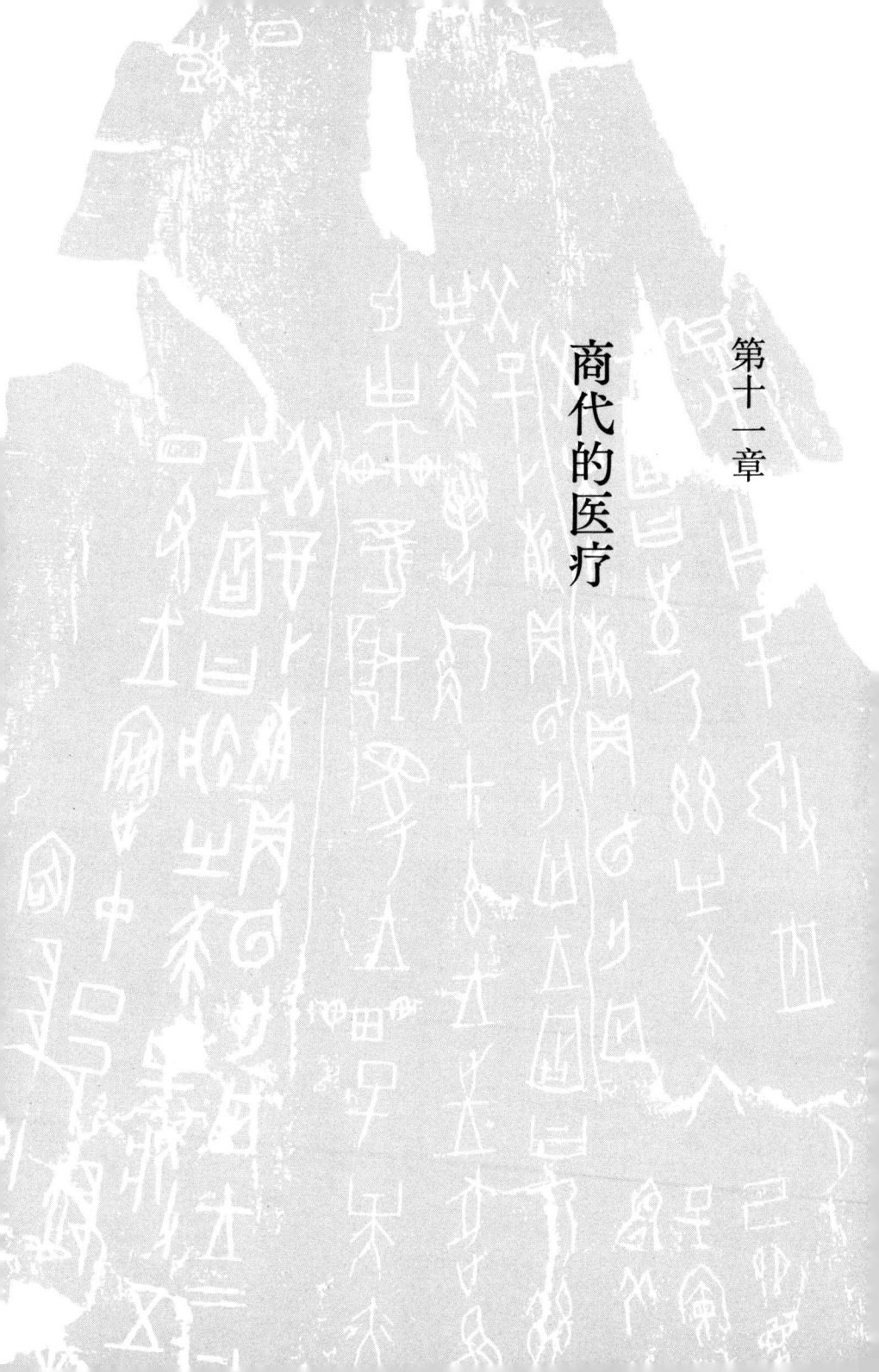

商代的疾病种类

甲骨文记录下了商代人们所患种类繁多的疾病。下面我们就按照身体的部位从上到下、从外到内的顺序来依次介绍商代的疾病种类。[①]

（一）头部疾病。《合集》13613记载"王疾首"，意即商王有头疾。商代往往会对头部疾病是否持续进行贞问，如"王疾首，亡延"（《合集》24957）、"子疾首，亡延"（《花东》304），是贞问商王、子的头疾会否持续。甲骨文中还有"疾天"，应当也是指头部疾病，如"弗疾朕天"（《乙》9067）。

（二）眼睛疾病。《合集》13619记载"子渔疾目"就是指子渔有眼睛疾病。甲骨文中还有"不唯目忧"（《合集》13622），这里的目忧也是指眼睛疾病。《合集》21037还记载"大目不丧明。其丧明。戊戌卜，贞：丁□疾目不丧明"，这个人对自己的眼睛疾病非常担心，生怕会导致失明，因而反复贞问。

---

① 本章的撰写参考了李宗焜《从甲骨文看商代的疾病与医疗》、宋镇豪《商代的疾患医疗与卫生保健》、朱桢《殷商时代医学水平概论》等论著。

《合集》13619　　　　　《合集》13630

（三）耳朵疾病。甲骨文中有"疾耳"（《合集》13630），应当就是指耳朵疾病。《合集》9671还有"王听唯孽"的内容，这里的"孽"是指受伤、受障碍的意思，看来商王当时有耳朵疾病，因而听力出了问题。商王和贵族有时还有耳鸣症状，如"朕耳鸣"（《合集》22099）、"子耳鸣"（《合集》21384），这些应当也是由耳朵疾病导致的。

（四）鼻子疾病。甲骨文的"自"就是鼻子的象形，因而"疾自"就是指鼻子疾病，如"贞有疾自，唯有害"（《合集》11506正）。《合集》13633记载"贞：妇好胟，唯出疾"，胟的字形像鼻中长肉，应是息肉。[①]此辞意为：妇好鼻中长出了息肉，是疾病吗？

[①] 温少峰、袁庭栋：《殷墟卜辞研究——科学技术篇》，四川省社会科学院出版社1983年版。

（五）口腔疾病。甲骨文中有"疾口"（《合集》13642）的记载，还有"口疾"（《花东》149），应是口腔类的疾病。

（六）舌头疾病。甲骨文中有"疾舌"（《合集》13635），应是舌头疾病。《合集》13641还记载"王砧疾"，砧疾就是舌头麻木引起舌头运动失常的现象，[①]也是舌头疾病的一种。《合集》18390正中有一字，像舌头中穿有两虫，隶写为"蟲"。蟲应是溃疡类的疾病。甲骨文中还有"疾言"（《合集》440正）、"言其有疾"（《合集》13637正），应是疾病导致不能说话，其原因可能也与舌头疾病有关。

（七）牙齿疾病。《合集》13644记载"壬戌卜，亘，贞：有疾齿，唯有害"，"疾齿"就是牙齿疾病。甲骨文中有"贞：毋御齲"（《合集》17386），齲是指蛀牙，[②]本辞意为不用治愈蛀牙吗？可见商代已有对蛀牙类疾病的记载。《合集》13665正记载的"齿蛊"、《合集》13658正记载的"疾齿唯蛊"，可能是虫蠹蛀噬牙齿导致的疾病。

（八）项部疾病。甲骨文中有一字为"🜚"，在一人形的颈项部位特地加圈形，应就是项字。《英藏》97正"疾🜚"就是指项部疾病。

（九）腋下疾病。甲骨文的"🜚"字在人形的腋下加圈形，就

---

① 宋镇豪：《商代的疾患医疗与卫生保健》，《历史研究》2004年第2期。
② 李宗焜：《从甲骨文看商代的疾病与医疗》，《"中央研究院"历史语言研究所集刊》第72本第2份，台湾地区2001年版。

指腋部,《合集》4477正甲"疾🗝"就是指腋下疾病。甲骨文中的"🗝""🗝",在人的腋下有双卤形,学者们认为是"疣"字。《合集》5370"王🗝",是指商王的腋下长肉瘤。

(十)肱部疾病。《合集》13677正"疾肱,骨"、《合集》13679正"有疾肱"都是指肱部疾病。

(十一)肘部疾病。《合集》5532正"贞:王肘骨。贞:王肘不其骨",就是指肘部疾病。

(十二)手部疾病。《合集》15664"疾🗝"、《合集》13692"不疾🗝",🗝像对手部进行捆扎,当是一种手部疾病。

(十三)背部疾病。《合集》13658正记载"疾殳",殳字像手持殳捶背,应是指代一种背部疾病。

(十四)胸部疾病。甲骨文的"🗝"字突出人的胸部,可能就是胸字。《合集》18654正"疾🗝"是指胸部疾病。

(十五)腹部疾病。甲骨文的"疒"字,像手抚卧床病人的腹部,是指一种腹部疾病。《合集》6032反"贞:疒,唯父乙害",辞意为腹部疾病,是父乙降祸的吗。甲骨文中的"🗝"字,像手抚腹部,当是腹字的另一种形体,《合集》10948正"疒🗝"也是指腹部疾病。甲骨文中的"🗝"从肉从长,当就是"胀"字,《安明》1383"王其胀"意为商王腹部胀痛,当也是一种腹部疾病。《合集》5373"王腹不安",也是指腹部疾病。

(十六)心脏疾病。甲骨文中有一字,像人中有心,即心字。《合集》709正"疾心,唯有害",明显是一种心脏疾病。《合集》12"贞:王心慮,亡来艰自□",心慮是心荡,是心脏的一种不正常现象。《花东》181"子心疾,亡延",意为:"子的心脏疾病,不会延长吗?"也是指心脏疾病。《花东》446"心㱃"、《花东》102"心魃",都与疾病、凶祸有关。《花东》416"心不吉"是指心感到不安吉。

(十七)腰部疾病。甲骨文中的"🔣"字,从幺从交,有学者根据音同通假关系,认为是腰。《合集》13675"疾🔣"是指腰部疾病。

(十八)臀部疾病。甲骨文中的"🔣"字,在人形的臀部位置加圈形,指代臀部。《合集》13750正"🔣其有疾。🔣亡疾",就是对臀部是否有疾病进行贞问。甲骨文的"🔣"也是指代臀部,《合集》13695正乙"疾🔣"是臀部疾病。

(十九)膝部疾病。甲骨文中的"🔣"字,在人形中膝盖位置加圈形,指代膝部。《合集》13670记载"疾🔣"就指膝部疾病。

(二十)腿部疾病。甲骨文的"🔣"字像腿形下连脚形,其中在小腿的位置加一圈形以表强调,就是指代胫部,即小腿。《合集》13693"疾🔣,肙",是表示小腿疾病。甲骨文的"🔣"字像把腿部倒置了过来,即指腿,《合集》775反"疾🔣"就是指腿部疾病。

(二十一)足部疾病。《合集》13683、13689中有"疾止"的内容,止即指趾,疾止即指趾部疾病。甲骨文中的"🔣",从水从火,指湿热之病,可能就是脚气病。[1]《合集》24983"乙巳卜,出,

---

[1] 宋镇豪:《商代史·卷七:商代社会生活与礼俗》,中国社会科学出版社2010年版。

王足不☒。贞：其☒"，是对商王会否得脚气进行正反贞问。

（二十二）骨头疾病。甲骨文中的"☒"，像牛骨，即指骨头。《合集》13696反、709正"疾☒"就是指骨头疾病。卜辞中屡见"骨凡有疾"，如《合集》13869、13870等，即指风寒引起的骨关节部位的疾病。甲骨文中的"☒"字，像骨上有点，也表示骨病，《合集》376正"疾☒"反映的正是这类疾病。

《合集》526　　《合集》13666正

以上所述皆为王者或贵族身体的某个具体部位上的病症。其实，当时的老百姓生活条件差，所患的疾病肯定更多更严重，还有一些难以解释的病，如：

（一）疾年。就是不定期暴发的破坏性很大的传染病。《合集》526记载的"贞：有疾年，其死"，是说传染病暴发，会否有人感染而死。

（二）疾人。是指人有疾，"人"是泛指全身，即全身不舒服。《合集》2123"贞：疾人，唯父甲害。贞：有疾人，不唯父甲害"，正是贞问全身不舒服，是否由父甲降灾祸导致的。

（三）疾身。指整个身体不舒服。《合集》822正、13666正"疾身"正是身体不舒服的反映。

商代的甲骨文中也记录了一些具体的传染性疾病，如：

（一）疟。疟就是疟疾，是一种冷热病。在《合集》17458中有"疟疾"的内容，这是一条武丁卜辞。这条卜辞说明我国晚商时期的人们已经发现了疟疾的症状。

（二）㐱。是气候失调造成的流感，患者会虚热多汗。《合集》17446记载"王梦㐱"，是商王感染了㐱疾。

商人对疾病原因的认识与治疗疾病的方法

在商人的观念中，神灵降灾是得病的重要原因。《合集》14222正丙记载"贞：唯帝肇王疾"，这里的肇有启的含义，这条卜辞的含义为帝会导致商王的疾病。《合集》14222正甲"贞：不唯下上肇王疾"，"下上"是指从地下到天上的神灵，这条卜辞是说神灵导致了商王的疾病。

在商人看来，祖先神降灾，也会导致商人得病。《合集》13648正中"贞：疾齿，不唯父乙害"，是说牙齿有疾病，是父乙降灾导致的吗？《合集》822正"贞：王疾身，唯妣己害"，意为商王身体生了疾病，是妣己降灾导致的吗？

其他神灵的降灾也会导致得病。《存》2·38·4记载"贞：有疾，唯黄尹害"，黄尹是商代的一个先臣神，这条卜辞意为，疾病是黄尹降灾导致的吗？

除了认为疾病是由神灵降灾导致的，商人也意识到有些疾病

《合集》14222正丙　　　　　《合集》13648正

是不健康的生活方式和客观的生理原因导致的。《甲》2121 "甲子卜，宾，贞：禽酒在疾，不从王右"，禽是商代很重要的一个贵族，此条卜辞意为禽喝酒致病，不能够跟随商王。可以看出，商人已经意识到这里禽的生病是由于饮酒过度导致的。《合集》13658正 "有疾齿，唯虫。不唯虫"，意思是牙齿疾病，是虫导致的吗。这里商人已经意识到牙齿的疾病跟蛀虫有关系。《合集》22324的卜辞 "乙丑卜，贞：妇爵孕子，亡疾"，意思是妇爵怀孕了，不会是生病了吧。从这条卜辞可以看出商人意识到女性在怀孕的时候，是很容易生病的。

不过，从主导思想看，商人还是认为神灵会降灾导致疾病，所以他们会让巫师来治疗疾病。《世本》记载 "巫贤作医"，这是商代的巫师进行治病最直接的文献证据。《合集》5651记载

"巫御。不御",御是驱除病患的巫术活动,巫御就是让巫师举行巫术活动,来驱除病患,从而治疗疾病。《英藏》1957 "弗咎王,唯巫",这里的巫师能为商王驱除灾祸,从而防止疾病。

商王有时还亲自充当巫师来驱除病灾。《合集》22099记载"朕耳鸣,有御于祖庚羊百,有用",是说商王的耳朵有病症,他自己对祖庚举行御祭,来驱除病灾,商王在这里担任的就是巫师角色。同片甲骨上的卜辞记载"有鸣,御于妣辛眾父丁",同样是耳鸣疾病,商王自己担任巫师向妣辛和父丁举行御祭。

商代用来治病的祭祀活动有:

(一)御祭。《合集》13689记载"疾止,于妣庚御",足部有疾病,对妣庚举行御祭。其实是希望妣庚停止降灾,让足疾尽快痊愈。《合集》13668正"御疾身于父乙",是对父乙举行御祭,从而让疾病康复。

(二)告祭。在《合集》13852中,占卜者贞问是否要对祖辛举行告祭,从而让疾病康复。《合集》13670中,则是对父乙举行告祭,来治愈膝部的疾病。

(三)福祭。《合集》13619内容为"子渔疾目,福告于父乙",是对父乙举行福祭,从而让子渔眼疾康复。

(四)比祭。《乙》3429记载"呼比疫",是说命令举行比祭来治愈疫病。

(五)侑祭。《铁》138·2记载"疾耳,侑于小示",是说耳朵有疾病,向小示举行侑祭。

除此之外，商代已经知道用一些医疗手段来治愈疾病。

商人已经懂得用药物来治疗疾病。河北藁城台西遗址中发现了很多植物的果实和种子的遗存，其中多数植物都有治疗疾病的功效，它们在当时可能就是被用来治疗疾病的。《甲》6·23·10记载"……疾，

《尚书·说命》有关药物有副作用的记载

王秉枣"，意思为商王生病了，是否用一把枣子来治病。那么，这里的枣子就用作治病的药物。《尚书·说命》里有这样一句话"若药弗瞑眩"，是说药有副作用，会导致晕眩。可见商代用药治病的实际效用已经被人重视起来。

商代还能进行开颅手术。在安阳后冈的一座墓葬中发现了一具男性的尸骨，他的颅骨上有一处穿孔，直径有十多毫米，呈喇叭形，表面有人工刮削过的痕迹。这个穿孔应当是进行开颅手术时留下的，而且从诸多迹象看，这起手术比较成功，患者在手术后存活了下来。[1]

---

[1] 韩康信、陈星灿：《考古发现的中国古代开颅术证据》，《考古》1999年第7期。

商代已经懂得运用针砭术。考古发掘中发现了多件商代用于针砭术的医疗器具。湖南石门皂市的商代遗址出土了一件长13厘米的石棒，就是一件砭针。河北藁城台西商代遗址曾出土了3件砭石，长度在20厘米，形似镰刀，应是用于切破瘤包，排除瘀血。殷墟大司空村的一座墓葬中，发现了一具尸骨，下压两件骨锥，其中一件刺及胸椎骨，这个人可能是因为针砭失败而死亡的。

商人还会按摩治病。按摩治病是商代非常常见的治疗方法。甲骨文中的"𠬝"字，像手按摩腹部，《合集》10948正"疗𠬝"正是以按摩治疗腹部疾病。

商代已经知道运用食物疗法。《库》1212记载"疗，用鱼"，中医认为，鱼具有行水之性，可散瘀血。

商人也会用艾灸治病。《合集》22049记载"戊午卜，至。妻御父戊，良，又艾"，此辞意为向父戊举行御祭，又进行艾灸。《拾》11·10记载"……巫妹艾子"，是巫妹以艾灸为小孩治病。

商人有时还会采取拔牙的方法来治疗牙痛。《前》4·4·1记载"王疾齿，唯易"，此辞意思为商王有了牙病，是否可以拔掉坏牙。[①]《通》7记载"贞：其有执齿，若"，执齿，是指把病牙用丝线从根部拴起来以便拔除。这条卜辞证明商代已经有了这种精细的拔牙方法。

---

① 朱桢：《殷商时代医学水平概论》，《山东医科大学学报（社会科学版）》1995年第2期。

商人还会接骨复位。甲骨文中有这样的记载"王肘唯有害。呼纠肘",纠肘就是用正骨之术使脱位的肘关节复位,使关节吻合,再缠束固定之。从这条卜辞看,商代已经有了正骨的方法。

从上文可以看出,商代的很多医生由巫师兼任。不过,商代仍然有一些专门的医生。《明》2354记载"辛亥卜,宾,贞:勿取臭及𢓊",取有捕取的含义,臭和𢓊均指人,而且臭和𢓊极有可能是以职务来称名。其中𢓊是专职按摩的医生,而臭则是专司熏香、擦澡之类的人员,即为按摩作准备的人员。

商代各地的诸侯和方国也有专门的医师。甲骨文中有"巫由""巫如""周巫""妥巫",分别来自由、如、周、妥族,他们在各自的部族内当也履行一定的医疗职责。

第十二章 殷都屡迁及其他

殷都屡迁

商朝与后来的历史时期相比有一个非常独特的地方,就是它的都城屡次迁徙。[1]

张衡在《西京赋》中说:"殷人之屡迁,前八而后五。"即商朝从契至汤期间迁徙了八次,自汤至盘庚期间迁徙了五次。根据学者们的研究,前八次迁徙分别为:第一次,契自亳迁蕃。第二次,昭明迁砥石。第三次,昭明迁商。第四次,相土迁商丘。第五次,相土迁泰山下,又复归商丘。第六次,商侯迁殷。第七次,殷侯迁商丘。第八次,汤始居亳。这是先商朝,或者说是商的"先公"时期,此时商人的迁徙只能说是部落的迁移。

通常所谓的商都屡次迁徙,应指后五次迁徙。根据文献,这五次迁徙为:第一次,仲丁迁于嚣。第二次,河亶甲居相。第三次,祖乙都邢。第四次,南庚都奄。第五次,盘庚迁殷。盘庚迁殷之后,商人的都城就再没有迁移过。

---

[1] 本节的撰写参考了黎虎《殷都屡迁原因试探》、晁福林《从方国联盟的发展看殷都屡迁的原因》等论著。

那么，商人的都城为什么屡次迁徙？关于其中的原因，历来有以下一些说法：

（一）水患说。这是过去比较普遍的看法，认为殷人是为了躲避水灾的威胁，才不得不多次迁都。如蔡沈《书集传》中说："自祖乙都耿，圮于河水，盘庚欲迁于殷。"《尚书·咸有一德》中也说"祖乙圮于耿"，《尚书正义》中解释道："圮，毁也……河水所毁曰圮。"这里明确地指出，水灾迫使殷人迁都。王国维也持这种说法。他在《观堂集林·说耿》中，进一步把"耿"解释为邢丘。他说："其地正滨大河，故祖乙圮于此也。"

（二）去奢行俭说。早在东汉时，郑玄就指出："祖乙居耿，后奢侈逾礼，土地迫近，山川尝圮焉，至阳甲立，盘庚为之臣，乃谋徙居汤旧都。"（孔颖达《尚书正义》引）在这里，郑玄把避免奢侈腐化作为迁都的原因。杜笃在他的《论都赋》中也说："昔殷（盘）庚去奢行俭于亳。"（《后汉书·文苑传》）荀悦《申鉴》亦云："盘庚迁殷，革奢即约。"

（三）游牧说。郭沫若认为殷族在盘庚以前还是迁徙无定的游牧民族，逐水草而居，所以没有固定的都邑，不断地进行迁徙。到盘庚时才有初步的农业，由游牧时代转入农业时代，因而有了定居的倾向。①吕振羽认为："殷人在相土以前，照《史记》所载世系，三世凡五迁，盖在动移无定之频繁移

---

① 郭沫若：《中国古代社会研究》，商务印书馆2011年版。

徙中，此殆为尚未定居的游猎畜牧民之特征。"①

（四）游农说。傅筑夫认为商代的农业是一种极其粗放的原始农业，其原始性主要表现在生产工具的笨拙和耕作方式的原始。所以，当一个地方地力耗尽之后，就需要改换耕地，所以不得不迁徙。②

（五）战争说。邹衡认为殷都屡迁是为了战争，因为"当时选择王都的地点，不能不考虑到作战的方便，就是说，不能不从军事的角度上考虑迁都的问题。成汤居亳，显然是为了战胜夏王朝及其残余势力。盘庚迁殷……说穿了就是为了对付北方和西方的强大敌人"。③

（六）王位纷争说。黎虎认为殷都屡迁的原因是从仲丁以后，商朝统治阶级的内部发生了"比九世乱"，诸弟子争相代立，长期王位纷争。这种连绵不断的政治动乱，大大地削弱了商王朝的统治，于是"诸侯莫朝"，商王朝陷入内外交困的危机中。商王朝为了摆脱困境，便以不断迁都作为解决问题的手段。④

（七）阶级斗争说。李民主张贵族与平民的斗争是导致殷都屡迁的原因。⑤

（八）方国联盟发展的需要。晁福林认为殷都屡迁适应了方国联盟发展的需要，是原始民主、平等精神的体现。它从政治、

---

① 吕振羽：《殷周时代的中国社会》，生活·读书·新知三联书店1962年版。
② 傅筑夫：《关于殷人不常厥邑的一个经济解释》，《文史杂志》1944年第5、6期。
③ 邹衡：《论汤都郑亳及其前后的迁徙》，《夏商周考古学论文集》，文物出版社1980年版。
④ 黎虎：《殷都屡迁原因试探》，《北京师范大学学报》1982年第4期。
⑤ 李民：《尚书与古史研究》，河南人民出版社1981年版。

军事、经济几个方面加强了殷与诸方国的关系。①

当时的都城屡次迁徙，其真正原因应是多种因素共同作用的结果。

值得指出的是，自盘庚迁殷以后，商人定居了下来。史家指出，自迁殷至纣之灭，凡二百五十多年，殷人未再迁都。

商纣王身边的大臣

比干出身于商王家族，所以又称为"王子比干"。比干是商纣时期的重要辅弼之臣。②

当时的政治形势是，商纣刚愎自用，造成商朝统治集团内部的分化。比干忠言直谏，触犯了商纣，结果被剖杀。《史记·殷本纪》记载当时的情形为："纣愈淫乱不止。微子数谏不听，乃与大师、少师谋，遂去。比干曰：'为人臣者，不得不以死争。'乃强谏纣。纣怒曰：'吾闻圣人心有七窍。'剖比干，观其心。"比干死后，他的妻子也遭到了杀害，皇甫谧《帝王世纪》说："纣剖比干妻以观其胎。"据《太平寰宇记》记载，比干死后被埋葬，比干的墓"在汲县北十余里"。

---

① 晁福林：《从方国联盟的发展看殷都屡迁的原因》，《北京师范大学学报》1985年第1期。
② 本节的撰写参考了韩江苏、江林昌《商代史·卷二：〈殷本纪〉订补与商史人物征》等论著。

比干谏言忠君的行为赢得了后人的尊重。周武王灭商后，就专门派"闳夭封比干之墓"（《史记·周本纪》）。春秋末年的孔子将比干誉为商代的"三仁"之一（《论语·微子》）。

商纣时期还有三个重要的辅弼之臣，号称"三公"，他们分别是九侯、鄂侯和周侯。其中，九侯又称为鬼侯；周侯就是周武王的父亲周文王，又称西伯昌。

《史记·殷本纪》记载："九侯有好女，入之纣。九侯女不喜淫，纣怒，杀之，而醢九侯。鄂侯争之强，辨之疾，并脯鄂侯。西伯昌闻之，窃叹。崇侯虎知之，以告纣，纣囚西伯羑里。"醢，就是将人剁成肉酱；脯，就是将人做成肉干。而据《潜夫论·潜叹》的描述，九侯的被杀与妲己的陷害有莫大的关系，她诬告说："九侯之无道也，乃欲以此惑君王也，王而弗诛，何以革后？"所以商纣将九侯杀害了。

商代末年，周人的首领季历率领族人与商交战，结果被商王文丁杀害。季历死后，其子昌立，是为西伯昌。西伯昌就是周文王。文王继位的时候，出现了凤凰集于岐山的祥瑞现象。此时，很多有才华的人，如太颠、闳夭、散宜生、鬻子、辛甲等，都前来归附西伯。西伯在继位后不久，发动了对商的战争，可能是为了报杀父之仇，但以失败告终。

后来，周国发生了地震，"文王寝疾五日而地动"（《吕氏春秋·制乐》），西伯认为是自己的罪责，于是更加注重稳定内部的统治秩序。同时，他注意缓和与商的关系，终于成为商的诸多诸侯国中具有影响力的一个，所以商纣任命他为"三公"。

然而，周的逐渐强大使纣感到了压力，商纣于是率领大军到渭地进行军事演习，"大蒐于渭"（《今本竹书纪年》），以此来震慑西伯侯。商纣还找借口把西伯囚禁了起来，文王被囚禁的时间达七年之久。最终，"西伯之臣闳夭之徒，求美女、奇物、善马以献纣，纣乃赦西伯"（《史记·殷本纪》）。

西伯归国之后，表面上臣服于商，曾率领叛商的诸侯来侍奉纣，背地里则在为灭商作准备。他加紧训练军队，同时注意吸引人才，得吕尚"立为师"（《史记·齐太公世家》）。西伯加紧了对一些弱小部族的攻伐，他伐邘、伐崇、伐昆夷，取得了胜利。

西伯在位的时候，周族的势力大大发展，为后来的周武王灭商作好了准备。

商容是商纣王时期的一位贤者，"百姓爱之，纣废之"（《史记·殷本纪》）。商容对商纣王的残暴统治非常不满，曾想讨伐商纣，终未实现，于是隐居于太行山。商容有卓越的识人才华，武王克商之后，周军进入商都，商民看到周的毕公、太公、周公之后，均误认为是君主，商容根据他们的仪态，认为非君主，而是辅佐之臣（《帝王世纪》），判断得非常准确。周武王克殷之后，想任命商容来担任三公，他以"吾尝冯于马徒，欲以伐纣而不能，愚也。不争而隐，无勇也。愚且无勇，不足以备乎三公"（《韩诗外传》卷二）为理由，婉拒了周武王。武王最终"表商容之闾"（《史记·殷本纪》），其实是为了展示自己重视人才的姿态。

祖伊是商纣王身边另一位辅弼之臣。商朝末年，周族势力得到极大发展，攻打了商朝畿内的黎国，祖伊于是劝告商纣王，如果继续荒淫腐化下去，上天会终止商国的命运（《尚书·西伯戡黎》）。然而，商纣王没有听从。祖伊也深刻意识到商王朝衰亡的原因，"放弃诗书，极意声色，祖伊所以惧也；轻积细过，恣心长夜，纣所以亡也"（《史记·乐书》）。

微子也是商纣王时期的重臣。关于微子的身世，传世文献中有三种说法：（一）他是商纣王的同母庶兄，如《吕氏春秋·当务》："纣之同母三人，其长曰微子启，其次曰中衍，其次曰受德。受德乃纣也，甚少矣。纣母之生微子启与中衍也，尚为妾，已而为妻而生纣。纣之父、纣之母欲置微子启以为太子，太史据法而争之曰：'有妻之子，而不可置妾之子。'纣故为后。"（二）他是纣的叔父，如《孟子·告子上》："以纣为兄之子且以为君，而有微子启、王子比干。"纣是微子启的兄之子，所以微子是纣的叔父。（三）是纣之异母庶兄。《史记·殷本纪》："帝乙长子曰微子启，启母贱，不得嗣。少子辛，辛母正后，辛为嗣。"其中以第三说为可信，春秋时期的阳虎曾经说："微子启，帝乙之元子也。"（《左传·哀公九年》）这就是很好的证据。《孔子家语·本姓解》："孔子之先，宋之后也。微子启，帝乙之元子，纣之庶兄。"这也可作为证据。微子在商代受到了分封，其封地可能在今山西长治市潞城区微子城附近。

商代末年，商纣无道，微子曾多次劝谏，商纣均不听，微子于是离开了商都（《史记·宋微子世家》）。

商代的自然灾害与救灾措施

根据传世文献与甲骨文的记载，商代发生了比较繁多的自然灾害。大体来说有以下几种：[①]

（一）旱灾。商汤灭夏后不久就发生了旱灾，根据《吕氏春秋·顺民》记载："汤克夏而正天下，天大旱，五年不收。"《竹书纪年》对汤时旱灾的记载更为详细："十九年大旱，氏羌来宾；二十年大旱，夏桀卒于亭山，禁弦歌舞；二十一年大旱，铸金币；二十二年大旱；二十三年大旱；二十四年大旱，王祷于桑林，雨。"

甲骨文也有商代干旱的记载，《合集》10164 "贞：不雨，帝唯莫"，莫即旱，这条卜辞的含义为不下雨，是上帝降下旱灾吗。《合集》10171 正 "其降我莫"、《合集》10178 "我不莫"，反映的也是旱灾的情况。《合集》10185 "北土亡莫"、《合集》10186 "西土亡莫"，则是贞问北土、西土是否有旱灾。

商代末年也出现了旱灾。文丁在位时，洹水一日出现三次绝流。商纣的时候，"崤山崩，三川涸"。周代的大夫在回顾商代灭亡的原因时也说 "河竭而商亡"（《史记·周本纪》）。沙尘暴在古文献中又称为 "雨土"，商纣的时候亳地就出现了雨土现象，这应当是由于当时旱灾所导致的。

[①] 本节的撰写参考了郭旭东《殷商时期的自然灾害及其相关问题》、刘继刚《先秦灾害述论》、李亚光《从甲骨文看商代的自然灾害及救治》等论著。

（二）水灾。商代的都城曾屡次迁徙，其中很多次可能与水灾有关。商王盘庚在劝说商民迁都的时候曾经说到"今我民用荡析离居"（《尚书·盘庚下》），反映的就是当时的人们正处于水灾之中。商代晚期都城殷墟处于洹河边上，商王经常贞问洹河是否会危害商都，如"洹弗作兹邑祸"（《合集》7854正），说明当时洹河会给都城带来水灾。

水灾会影响农业收成，《库》407"河弗害我年"，就是贞问黄河是否影响商的收成。《合集》33351"今秋禾不遘大水"，

《合集》10164 　　　　　　　《合集》10185

《合集》10186 　　　　　　　《合集》33351

《合集》34797

是贞问庄稼是否会遇到水灾。甲骨文中有"烈雨"(《京津》419)的记载,这种大雨应当能造成水灾。

(三)火灾。甲骨文中有很多火灾的记载,《合集》34797"贞:旬亡火",就是贞问是否有火灾。商人还会向祖先举行祭祀,以祈求杜绝火灾的发生,如《合集》27317"其告火,自毓祖丁"。商人注意到夏季用火容易产生危害,如《合集》21095"今夏火,来每"。

(四)风灾。风往往会带来灾祸,《粹》1417"风不祸",是贞问风是否带来灾祸。卜辞中的"大撇风"就是大暴风。暴风过来往往会摧毁房屋、毁坏庄稼,影响人民的生活,所以要提前预测。《后》33·6"癸雨,大撇风",意为癸日这天下雨,是否有暴风。暴风发生之后,人们会举行祭祀,希望它不要再发生,《合集》367正"……撇风,之夕……羌五",意为发生了暴风,晚上用五个羌来举行祭祀。风有的时候会扬起尘土,造成霾,如《明藏》758"风唯有霾"。

(五)蝗灾。蝗灾一直是中国古代农业的灾害之一。商代已经有了蝗虫,甲骨文中的"🦗"就是"蝗"。1976年,考古工作者在安阳殷墟妇好墓发现了一件玉雕蝗虫。这是一件圆雕玉器,浅绿色,有褐斑。这只玉蝗身体细长,仰首挺立,圆眼突起,双翅并拢，前肢较大且前屈，造型十分生动。妇好是武丁的妻子，这件玉器说明商人在武丁时期就注意到了蝗虫。蝗虫有时也构成灾害，《怀特》1600"蝗不至"是贞问蝗虫是否会到达商都。《合集》33232"蝗举"，则是贞问蝗虫是否会大举出动。蝗虫危害如此之重，人们有宁息蝗灾的愿望，《屯南》930"蝗虫至，宁，用三大牢"，就是蝗虫来临，人们用三大牢的隆重仪式来举行祭祀，希望蝗灾宁息。

（六）雹灾。甲骨文中有一字，雨下有三个圆点，就是"雹"字。冰雹会对庄稼、房屋，甚至人的生命造成伤害，因而会构成灾害。商代人经常贞问是否有冰雹，如《合集》21777"雨已雹"，就是贞问雨是否会成为冰雹，以便进行预防。

（七）地震。2005—2006年，学者们在河南荥阳薛村附近发现了大量的商代前期古地震遗迹，主要有地堑、地裂缝和古文化遗迹的错位，据称当时的震级有7级左右。而且从相关的遗迹来看，地震给人类的居住环境造成了直接的破坏。殷商末期也发生过大地震，《竹书纪年》中"帝辛三十四年春……峣山崩"，崩就是指地震，而峣山在今陕西境内。由此可见，商代末年陕西境内发生了大地震。

商代已经有了一定的灾害救治措施。

（一）用巫术救灾。在商人的观念中，很多灾害是由神降灾造成的，因而祭祀和巫术成为他们救灾的主要方式。旱灾和水灾是商代很重要的灾害，这些都与雨有很大的关系。因而商人会通过祭雨来祈求去灾。《合集》34279"燎大雨"是对大雨进行燎祭，希望免除灾患。《合集》12853"壬午卜，于河求雨，燎"，是对河进行燎祭，希望降雨。《合集》32992正"其宁雨于方"，则是通过占卜祭祀，希望雨能止息。有的时候商人还会焚人来求雨，《吕氏春秋·顺民》记载："昔者汤克夏而正天下，天大旱，五年不收。汤乃以身祷于桑林，曰：'余一人有罪，无及万夫。万夫有罪，在余一人。无以一人之不敏，使上帝鬼神伤民之命。'于是翦其发，䌥其手，以身为牺牲，用祈福于上帝。民乃甚说。雨乃大至。"这里的商汤本是希望自焚来求雨，但因是商王，所以剪发、磨手以代替。这则材料说明商代有焚人求雨的巫术。蝗灾发生的时候，商人会告祭神祖以求"宁蝗"。

（二）采取积极的措施防治灾害。商人会采用疏导河流的办法来防止水灾，《遗》393"洹引，弗其敦邑"，洹是指洹河，引是引导，本条卜辞是说疏导洹河，从而使城邑不受灾。他们还注意对天气的预测，甲骨文中"大雨""小雨""雨小"等，都反映了商代官方的气象观察和预测。商人还挖了很多的沟渠来防旱排涝。在商代的遗址中，考古工作者发现了很多窖穴，有些是用来储藏粮食的。这反映了商代重视农作物的储藏以备灾荒急用。对于蝗灾，商人也采取积极的措施对付，甲骨文有一字的字形像火上有虫形，这显然是用火驱虫。对于鸟害，商人也有对付的办法，甲骨文中的"敊"像用工具驱赶鸟，是当时防治鸟害措施的真实反映。

第十三章 商代的对外交流

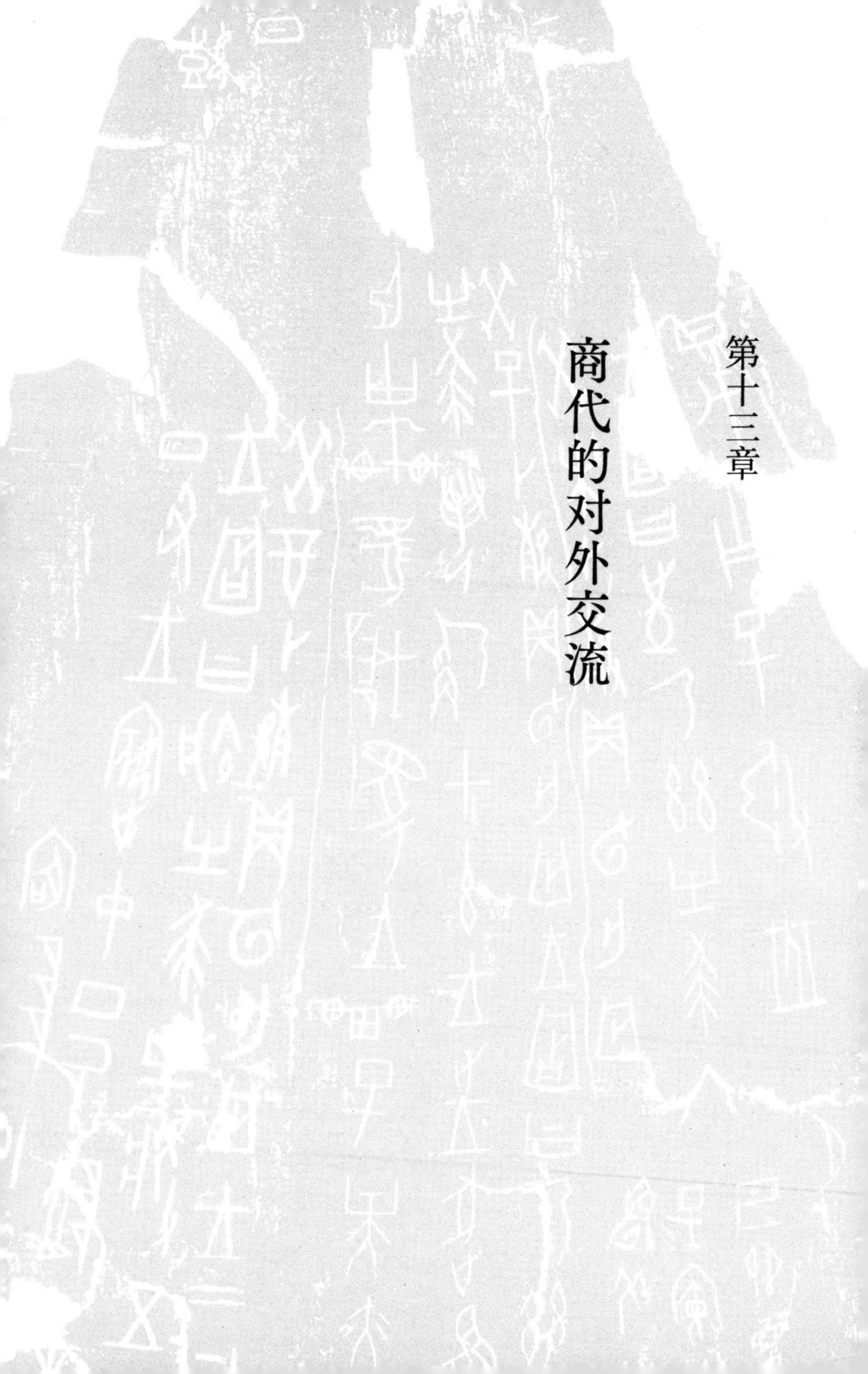

依照夏商周断代工程专家们的研究，商朝建立和灭亡的时间分别为公元前1600年和公元前1046年。[①]商朝的时候，在今天的中国境内生活着很多不同的族群，他们之间有着一定的联系。同时，他们也和今天的中国境外的一些国家和族群发生着交往。本文主要探讨殷商时期位于今天中国境内的族群与当时的境外族群之间的交往。

之前学者对于商朝中外交流的研究成果，散见于两类专著和论文中。第一类是研究中外交流、中外交通的通史性论著[②]，第二类是专门研究中国与某个国家或地区交往的论著[③]。然而，目前还没有见到全面研究殷商时期中外交往的学术论著。另外，一些

[①] 夏商周断代工程专家组：《夏商周断代工程1996—2000年阶段成果报告·简本》，世界图书出版公司北京公司2000年版。

[②] 如张国刚、吴莉苇：《中西文化关系史》，高等教育出版社2006年版。沈福伟：《中西文化交流史》，上海人民出版社1985年版。陈尚胜：《五千年中外文化交流史（第一卷）》，世界知识出版社2002年版。张广达、王小甫：《天涯若比邻——中外文化交流史略》，中华书局（香港）有限公司1988年版。林梅村：《古道西风——考古新发现所见中西文化交流》，生活·读书·新知三联书店2000年版。

[③] 如季羡林：《中印文化交流史》，中国社会科学出版社2008年版。张世响：《日本对中国文化的接受——从绳文时代后期到平安时代前期》，山东大学2006年博士学位论文，指导教师：郑杰文教授。蔡凤书：《远古至秦汉时代的中日交流》，《文史哲》1992年第3期。安志敏：《江南文化和古代的日本》，《考古》1990年第4期。李学勤：《商代通向东南亚的道路》，《李学勤讲中国文明》，东方出版社2008年版。张弘：《先秦时期古蜀与东南亚、南亚的经济文化交流》，《中华文化论坛》2009年第1期。房仲甫：《殷人航渡美洲再探》，《世界历史》1983年第3期。

学者运用自然科学的测定方法来检测先秦时期文物，能科学揭示出制造文物的矿物原料的来源。①这实际上为研究商代的中外交往提供了新的论证材料。

与西北、北部地区以外族群的交往

新疆昌吉回族自治州呼图壁县西南约75公里，有一处地方，当地人称为"康家石门子"。1987年，新疆考古工作者在此发现了一处反映古代生殖崇拜的巨幅岩画。

整幅岩画最下部距地面有2.5米，最上部距地面有10米。东西长14米，上下高9米，总面积达120多平方米。在这片岩壁上，刻满了大小不等、形态各异的人物形象，其中大的高于真人，小的只有10—20厘米。人像有男有女，有站有卧，有穿着衣服的，也有裸露身体的。其中不少男性形象，生殖器刻画得特别突出，甚至表现了交媾的动作。下面是很多小人的形象。整幅岩画表

---

① 如干福熹在《玻璃与玉石之路——兼论先秦前硅酸盐文物的中、外文化和技术交流》（《广西民族大学学报》2009年第4期）一文中，运用质子激发X荧光技术（PIXE）无损分析了河南淅川徐家岭墓地和湖北随县擂鼓墩墓地出土的战国时期镶嵌玻璃珠，发现它们的化学成分与古埃及的蜻蜓珠玻璃相似。在《赣鄂豫地区商代青铜器和部分铜铅矿料来源的初探》（《自然科学史研究》1999年第3期）、《江西新干大洋洲商墓青铜器的铅同位素比值研究》（《考古》1994年第8期）、《广汉三星堆遗物坑青铜器的铅同位素比值研究》（《文物》1995年第2期）等论文中，研究者运用测定青铜器铅成分中四种同位素204Pb、206Pb、207Pb、208Pb的比值的方法，可以确定矿料成分的来源。

达了人们祈求生殖、繁衍人口的愿望。专家将整幅岩画划分为Ⅰ到Ⅸ九组①。

康家石门子岩画第Ⅰ组画面

其中的第Ⅰ组岩画位于岩壁的最上方。共刻画了十个人物形象,九女一男。其中九个女子从右往左,逐渐缩小,每三人之间有一组对马图形;一名男子处在最左端,作斜卧状,勃起的生殖器指向女性,根部有图像表现睾丸。这是一幅关于生殖崇拜的岩画。其间的对马形象可作为判断岩画时代的依据。

对马形象也见于内蒙古阴山地区的岩画,共有五组,分别位于阴山北麓乌拉特中旗西南部海勒斯太沟、阴山南麓五原县韩乌拉山、内蒙古磴口县北阿贵庙以北黄河西岸的托林沟北山。②

与之相联系的是商代的彝器铭文。商代的青铜器铭文中有如下内容:

铭　文	出　处	器　名	时　代
	《商代青铜器铭文分期断代研究》③(以下简称《商器》)第1856号	骥父乙尊	殷墟四期

---

① 王炳华:《新疆天山生殖崇拜岩画初探》,《丝绸之路考古研究》,新疆人民出版社2009年版。
② 盖山林:《阴山岩画》,文物出版社1986年版。
③ 严志斌:《商代青铜器铭文分期断代研究》,社会科学文献出版社2014年版。

续表

铭文	出　处	器　名	时　代
	《商器》1633	驫父丁卣	殷墟四期
	《商器》1857	驫父乙尊	殷墟四期
	《商器》1250	驫父乙簋	殷墟四期
	《商器》4579	亚次驫罍	殷墟三期
这类铭文，有的时候也作：			
	《商器》0835	驫父辛鼎	殷墟四期

商周时期的铜器铭文中，有一类特殊的图像文字，是由两个乃至两个以上的族氏名号构成的，通常称为复合氏名。以上皆为复合氏名。

商代的铜器铭文中有"豙"族（《商器》1222、3136、3137、3138），所以可知以上铭文中的对马形是族名，上面的复合氏名是由"豙"与"驫"族构成的。

商代铜器铭文中还有如下的复合氏名：

铭　文	出　处	器　名	时　代
	《商器》1269	庚父乙騳簋	殷墟四期
	《商器》0848	騳父乙鼎	殷墟四期

根据"驫"的例子，此处的两个复合氏名应是由豕族、美族与騳族的族氏名号复合形成的。

新疆、内蒙古岩画中的对马形象与商代铜器铭文中的"騳"相似，三者之间应当有联系。有学者因而根据商代铜器铭文的时代，来推定新疆和内蒙古岩画的时代，在公元前1400年—前1100年。[①]可信。

另外，从以上铜器铭文中可以知道，騳族和豪族、豕族、美族之间发生了联系。

伊朗西部扎格罗斯山地的卢里斯坦自20世纪20年代起，陆续发现了大量具有浓郁游牧民族文化特色的青铜器，包括车饰、马具、武器、工具、礼器、神像等。其中有很多的通牌饰上有对马形象[②]。与新疆岩画相似。

---

① 林梅村：《古道西风——考古新发现所见中西文化交流》，生活·读书·新知三联书店2000年版。
② 转引自王炳华：《新疆天山生殖崇拜岩画初探》，《丝绸之路考古研究》，新疆人民出版社2009年版。

以上说明，在晚商时期，中原地区与内蒙古、新疆，乃至今天的伊朗地区已经发生了一定的联系。

俄罗斯南西伯利亚地区有一处年代在公元前1800年至公元前1300年的考古学遗址——格拉兹科沃文化，是贝加尔湖沿岸早期的青铜文化遗址。在这处遗迹的墓葬中，出土有白玉环。上面有数圈同心圆刻线和"马蹄眼"（穿孔外大里小），与中国的商代玉器形制相同。[①]另外，考古人员在俄罗斯伏尔加地区的塞伊姆文化发现了青铜矛、柄端装饰有野马的刀、空銎斧和白玉指环，和安阳地区出土的同类器物的外形非常相似。还有，俄罗斯叶尼塞河流域的卡拉索克文化遗址中出土了一些青铜小刀和弓形器，形制与安阳地区的发掘品很相似。

关于这些器物之间相互影响的关系，苏联考古学者C.B.吉谢列夫认为，在公元前1600至公元前1300年，塞伊姆文化向东发展，传播到中国境内，一定程度上影响到安阳器物的发展；安阳地区青铜器制作技术提高后，青铜器的质量很高，又反过来影响到当时的俄罗斯境内。[②]可见，在商代的时候，人们和身处今天俄罗斯境内的族群之间发生了相互影响。

中国北部地区在青铜时代所使用的青铜器通常被称为北方系青铜器。中国北方系青铜器不同于中原地区青铜器，也不同于东

---

① 张广达、王小甫：《天涯若比邻——中外文化交流史略》，中华书局（香港）有限公司1988年版。

② C.B.吉谢列夫：《苏联境内青铜文化与中国商文化的关系》，《C.B.吉谢列夫通讯院士在北京所作的学术报告》（阮西湖口译），《考古》1960年第2期。

北地区和新疆地区的青铜器，它们有着自己的共同特征。这些特征是来自不同起源的文化在这一区域相互影响和交融的结果[1]。中国北方系青铜器在商代后期的分布区域十分广泛，最南面已分布到渭河流域和豫北的殷墟文化和先周文化的领域之内；东面分布到辽东沿海；北面已经超出了今天中国的国界，达到了蒙古、外贝加尔、土瓦、米奴辛斯克盆地、克拉斯诺亚尔斯克地区、阿尔泰；西面在吉尔吉斯草原、鄂毕河中游，直到黑海沿岸也有零星发现，在伊朗高原的古代青铜器中也有相似的标本。[2]说明这个广泛的区域在那个时期有着广泛的交流。

商代的很多考古遗址中都出土了金器，其中有三个区域最为显著：一是安阳殷墟大型墓葬出土的金箔片，用作铜、木、漆、玉石等器物的装饰；二是四川三星堆遗址出土的青铜人面像上的金面具；三是中国北方系青铜文化中出土的耳环、手镯、发簪等饰件。[3]特别是其中两头扁的手镯很引人注目。然而这种手镯在贝加尔湖沿岸的格拉兹科沃文化中也有发现[4]。这说明北方系青铜文化与我国北部地区以外的区域有一定的联系和交流[5]。

---

[1] 林沄：《夏代的中国北方系青铜器》，《边疆考古研究》2001年第1辑。
[2] 林沄：《商文化青铜器与北方地区青铜器关系之再研究》，《林沄学术文集》，中国大百科全书出版社1998年版。
[3] 齐东方：《中国早期金银器研究》，《华夏考古》1999年第4期。
[4] 冯恩学：《俄国东西伯利亚与远东考古》，吉林大学出版社2002年版。
[5] 马健：《黄金制品所见中亚草原与中国早期文化交流》，《西域研究》2009年第3期。

与身处今天朝鲜、日本地区族群的交往

商朝灭亡时,商朝的旧贵族箕子率领族众来到了朝鲜。《尚书大传·洪范五行传》记载,周武王灭商后——

> 武王释箕子之囚,箕子不忍周之释,走之朝鲜。武王闻之,因以朝鲜封之。箕子既受周之封,不得无臣礼,故于十二祀来朝。武王因其朝而问《鸿(洪)范》。

可见箕子在商朝灭亡后到了朝鲜。周武王因而将朝鲜封给了他,箕子后来还来朝见周武王。根据《史记·宋微子世家》记载,箕子这次朝见周武王路过了殷墟,看到昔日的宫殿已经坍塌,长满了禾黍,十分伤心,于是作诗:

> 麦秀渐渐兮,禾黍油油。彼狡童兮,不与我好兮。

诗中的"狡童",有学者认为是指商纣。殷遗民听到这首诗后皆痛哭流涕。关于箕子远走朝鲜,《汉书·地理志》也有记载——

> 殷道衰,箕子去之朝鲜,教其民以礼义、田蚕、织作。乐浪朝鲜民犯禁八条:相杀以当时偿杀;相伤以谷偿;相盗者,男没入为其家奴,女子为婢,欲自赎者,

人五十万。虽免为民，俗犹羞之，嫁取无所雠，是以其民终不相盗，无门户之闭，妇人贞信不淫辟。其田民饮食以笾豆，都邑颇放效吏及内郡贾人，往往以杯器食。郡初取吏于辽东，吏见民无闭臧，及贾人往者，夜则为盗，俗稍益薄。今于犯禁浸多，至六十余条。可贵哉，仁贤之化也！

箕子教朝鲜人民礼义、田蚕、织作，还制定了相关的禁令，极大地推动了朝鲜的开化与发展。

对于箕子来到朝鲜，朝鲜早期的史书有记载，金富轼《三国史记》提到"箕子受封于周室"[1]，僧一然《三国遗事》也提到"周虎王即位乙卯，封箕子于朝鲜"[2]。根据《旧唐书》《新唐书》等文献的记载，高句丽人在多处建祠堂祭祀箕子。而到了朝鲜王朝（1392—1910）时期，朝鲜人对箕子的崇拜发展至顶峰，箕子成为李氏政权的一面重要旗帜，箕子崇拜也是政事和礼仪中的一项重要内容[3]。1396年，朝鲜使节权近在回答明太祖有关朝鲜开国历史的问题时，作诗说：

传说洪荒日，檀君降树边，位临东国土，时在帝

---

[1] 金富轼：《三国史记》卷29《年表上》，保景文化社1991年版。
[2] 一然：《三国遗事》卷1《纪异》，瑞文文化社1996年版。
[3] 孙卫国：《传说、历史与认同：檀君朝鲜与箕子朝鲜历史之塑造与演变》，《复旦学报》2008年第5期。

尧天，传世不知几，历年曾过千。后来箕子代，同是号朝鲜。①

檀君是古朝鲜的开国元勋，箕子在朝鲜半岛建国，檀君朝鲜灭亡。

从上可以看出，商末的时候，箕子确实来到了朝鲜，并对朝鲜的文化、经济、政治和外交产生了深远的影响。

从考古上看，商文化对朝鲜文化产生了不小的影响。在考古遗物上，箕子进入的时候，朝鲜正处于从有文土器向无文土器转变的时代。无文土器通常粗质无文，底部扁平，器具有石镞、半月形石刀、石斧等。而这些器具明显受到了中国龙山文化的影响。中国东北和朝鲜半岛还有很多"支石墓"，又称石棚。中国东北的墓葬明显早于朝鲜，这也是中国对朝鲜影响的结果。另外，中国的稻谷和干栏式建筑，也在这个时期传播到朝鲜半岛②。

20世纪50年代，考古人员在日本东北地区的山形县饱海郡游佐町三崎山绳纹文化晚期遗址中，发掘了一把青铜刀③。这把刀与河南安阳殷墟遗址出土的大批青铜刀相似，只是日本出土的青铜刀尾部的环有部分残缺。所以这把刀可能来自中国。另外，商

---

① 《李朝太祖实录》卷11，"太祖王六年三月辛酉"条。
② 陈尚胜：《五千年中外文化交流史（第一卷）》，世界知识出版社2002年版。
③ 《日本の考古学》Ⅱ卷，河出书房1964年版。

代的拔牙、鸟崇拜、支石墓的习俗可能也影响到了日本[①]。

日本的二百二十多处绳纹文化遗址中都出土过环形石器，仅长野一个县就发现六十多个出土地点[②]。这些石器的使用时间从公元前5000年一直到公元元年前后的弥生文化中期，持续了五千多年。中国东北的辽宁省和吉林省也出土了类似的环状石器，使用时间大约从公元前2000年到公元元年前后[③]。另外，朝鲜半岛也发现了环状石器，年代比中国的早。可以推知，这种石器是从日本经由朝鲜半岛传入中国的[④]。

有学者根据确凿的出土文物，指出日本从绳纹时代的中期后半叶（公元前2500年前后）开始，和中国内地的交流日渐频繁起来。但是，早期（公元前2500—公元前500年）的中日交流和后来不一样，呈现出时断时续的特征，并没有形成固定、持续的交流[⑤]。商朝处在这个时期中间，当时的中日之间当然有交流。

日本学者梅原末治说："在畿内的大和国发掘的铜铎形状颇与先秦时代的古钟类似，近年在朝鲜庆尚北道庆州入室里，发现了四寸左右的小铜铎及蒲口缘细文镜，与大正七年（1918年）在

---

① 张世响：《日本对中国文化的接受——从绳文时代后期到平安时代前期》，山东大学2006年博士学位论文，指导教师郑杰文教授。
② 日下部善己：《环状石斧》，《绳文文化の研究》VII卷，雄山阁1983年版。
③ 白云翔：《我国发现的环刃石器及其相关问题》，《考古》1986年第6期。
④ 蔡凤书：《古代中日文化交流的考古学视角》，《东方文化集刊Ⅰ》，商务印书馆1989年版。
⑤ 蔡凤书：《古代中国和日本交流在文物上的证据》，《考古学研究（七）》，科学出版社2008年版。蔡凤书：《远古至秦汉时代的中日交流》，《文史哲》1992年第3期。

大和国葛城郡吐田乡发掘的遗物，事实上非常酷似，而且制作技术均受了中国文化的影响。大概是先传到辰韩，然后再传到日本的吧。"① 如果确实是这样，那么商代中日交流的一条重要路径就是通过朝鲜，再到日本。

与东南亚的交往

东南亚，由中南半岛和马来群岛两大部分组成，包括今天的越南、老挝、柬埔寨、缅甸、泰国、马来西亚、新加坡、菲律宾、印度尼西亚、文莱、东帝汶等国家和地区。

商王武丁妻子妇好的墓葬中出土了几千件海螺和海贝。经鉴定，这些物品中有一件经过加工的阿拉伯绶贝。这种绶贝通常分布于我国台湾、南海（广东省沿海、海南岛、西沙群岛，最北分布至福建厦门东山）及日本、菲律宾、泰国湾、安达曼群岛、斯里兰卡、卡拉奇等地。还有6880多枚货贝，这种货贝分布于我国台湾、南海（为海南与西沙常见种）以及阿曼湾、南非的阿果阿湾等地②。说明商王朝当时已经和今天中国的沿海一带乃至东南亚之间发生了联系。

1936年殷墟小屯村北YH127坑出土的17088片武丁时期的卜

---

① 转引自王辑五：《日中交通史》，立命馆出版部1941年版。
② 中国社会科学院考古研究所：《殷墟妇好墓》，文物出版社1980年版。

甲中，有一版特大的龟腹甲，即《殷墟文字乙编》4330、《殷墟文字丙编》184。其鳞板结构形态与常见不同。经专家鉴定，认为是产自马来半岛的Testudo emys[①]。《金璋所藏甲骨卜辞》554是一版龟腹甲残片，形态与常见的卜甲不合，经鉴定是一种Geochelone emys（棕褐巨龟），是一种分布于缅甸到印度尼西亚的大龟[②]。

另外，越南永福省的冯原（Phung Nguyen）和Xom Ren曾出土4件牙璋，年代在公元前17世纪至公元前14世纪之间[③]。形制的特点是在柄、身间有前后两道阑，阑中间有成组的细齿。它与商代二里岗出土的牙璋特别接近[④]。由此可见，商代与今天的东南亚地区已经有着一定程度的文化交流。

与西南地区以外族群的交往

1975年，有学者在殷墟YH127坑出土的甲骨中发现有65片

---

① H.W.WU, *Notes on the Plastron of Testudo Emys Schl. and Müll. from the Ruins of Shang Dynasty at Anyang*,《"中央研究院"动植物研究所集刊》14卷116期，台湾地区1943年版。
② 李学勤、齐文心、艾兰：《英国所藏甲骨集》下编上册，中华书局1991年版。
③ 李学勤：《海外访古续记（十）》,《文物天地》1994年第3期。
④ 李学勤：《试论牙璋及其文化背景》,《南中国及邻近地区古文化研究》，香港中文大学出版社1994年版。李学勤：《商代通向东南亚的道路》,《李学勤讲中国文明》，东方出版社2008年版。

粘附有纺织品,据鉴定是"棉纤维类之纺织品"[①]。饶宗颐认为这类纤维类纺织品"即土卢布,相当榜葛剌国所谓兜罗棉,此外武夷山船棺葬也出有棉花,证明身毒货物在殷代已有交流迹象"[②]。

1986年,考古人员在四川广汉三星堆发掘了一、二号祭祀坑。时代在商代中晚期。祭祀坑出土了很多海贝,这些海贝,大小约是虎斑贝的三分之一,中间有齿形沟槽。它们不产于近海地区,更不产于江河湖泊,只产于印度洋深海水域。它们应该是从印度洋北部地区引入的,而且应该是古蜀人与印度地区直接进行经济文化交流的结果。[③]

三星堆一号祭祀坑出土了十三支象牙,二号祭祀坑出土了六十多支象牙。一号祭祀坑里还堆积着三立方米左右的较大型动物的骨渣,有可能是象骨。三星堆青铜大立人的立足青铜祭坛的中层,形状也是由四个大象头勾连而成。另外,距离三星堆不远的金沙遗址,时代处于商周时期。其中出土象牙重量竟然超过了一吨。专家指出这些象牙不是产自国内,而是来自印度[④]。这些说明商代已经和印度产生了联系。

四川的三星堆遗址是中国商代同期的文化遗存。这处遗址中

[①] 张秉权:《小屯殷虚出土龟甲上所黏附的纺织品》,《"中央研究院"国际汉学会议论文集》上册,台湾地区1981年版。
[②] 饶宗颐:《蜀布与Cīnapatta》,《梵学集》,上海古籍出版社1993年版。
[③] 段渝:《中国西南地区海贝和象牙的来源》,《中国与周边国家关系研究》,中国书籍出版社2013年版。
[④] 段渝:《中国西南地区海贝和象牙的来源》,《中国与周边国家关系研究》,中国书籍出版社2013年版。

出土了不少金面罩、金带和青铜雕像。这些青铜雕像与西亚雕像夸张的艺术风格十分接近，金带、金杖作为权力的象征也与西亚文明一致。所以，当时这个地区可能受到了来自西亚、中亚文明的影响[1]。

总之，殷商时期，在今天的中国境外生活着不同的族群。当时，身处如今中国境内的人们和他们之间有着广泛的交往。

在西北部和北部地区，今天中国境内的人们和今天伊朗境内的人们发生了联系，也和今天俄罗斯境内的族群发生了文化交流。在东北部地区，箕子在商朝灭亡的时候到了朝鲜，并对朝鲜产生了深刻的影响，同时，中国的支石墓习俗、稻谷和干栏式建筑也传到了朝鲜；当时中国境内的文化也传到了今天的日本。

殷墟地区出土的很多物品，经过检测是来自今天的东南亚地区，而商人的牙璋也影响到该地区。另外，当时我国境内的西南等地使用的很多物品是来自今天的印度、西亚和中亚地区，说明当时的西南地区也和国外的族群存在着交往。

这种广泛交往是自身发展的客观需要，同时也为我们今天的国际交往和研究提供了借鉴和参考。

---

[1] 霍巍：《广汉三星堆青铜文化与古代西亚文明》，《西南考古与中华文明》，四川出版集团巴蜀书社2011年版。

结束语

傅斯年曾在《夷夏东西说》一书中认为，夏商周"三代"在文化上大致可分为东西不同的两个系统："夷与商，属于东系；夏与周，属于西系。"这是有一定道理的。"三代"初始时起于夏，也就是起于西系的中原地区；继而是商，也就是继起的是东系的靠西部的商人部落，实际上与华夏地区有着某种交叉的地域；最后又回复到西系地区，不过那是西系的更西部的关中地区了。

夏、商、周三代，政治重心从西系转到东系，然后走了一个大的"之"字形后，又回到了西系。这充分体现了在三代人心中的那个主体观念："天命无常。"这个观念写在了夏王伐有扈氏的《甘誓》中，也写在商汤伐桀的《汤誓》中，更写在武王伐纣的《泰誓》中，最终是写在民众的心坎上。它告诉人们一个真理：谁站在民众一边，谁就能赢得民众的拥护，赢得政权。

三代的政权是由西转向东，再又回归到西，转来转去，变来变去，可有一个东西没有转也没有变，那就是李学勤所说的"文明的脉络"。商的文明因于夏，周的文明因于商，一脉相承，环环相扣，层层推进。当西周王朝建立起来的时候，实际上是集夏、商二代的文化精粹之大成，而又把中华文明推上了一个新的制高点。孔子盛赞周代是"郁郁乎文哉"，赞得有理！这是为什么？且由下一部西周史细讲。

主要参考书目

晁福林:《夏商西周的社会变迁》,北京师范大学出版社1996年版。

孙淼:《夏商史稿》,文物出版社1987年版。

彭邦炯:《商史探微》,重庆出版社1988年版。

宋镇豪主编:《商代史》(全十一卷),中国社会科学出版社2010—2011年版。

宋镇豪:《中国风俗通史·夏商卷》,上海文艺出版社2001年版。

晁福林:《先秦民俗史》,上海人民出版社2001年版。

陈梦家:《殷虚卜辞综述》,中华书局1988年版。

严一萍:《甲骨学》,台北艺文印书馆1978年版。

王宇信:《甲骨学通论》,中国社会科学出版社1989年版。

王宇信、杨升南主编:《甲骨学一百年》,社会科学文献出版社1999年版。

温少峰、袁庭栋:《殷墟卜辞研究——科学技术篇》,四川省社会科学院出版社1983年版。

沈之瑜:《甲骨学基础讲义》,上海古籍出版社2011年版。

吴浩坤、潘悠:《中国甲骨学史》,上海人民出版社1985年版。

宋镇豪、刘源:《甲骨学殷商史研究》,福建人民出版社2006年版。

中国社会科学院考古研究所:《殷墟的发现与研究》,科学出版社1994年版。

中国社会科学院考古研究所:《殷墟妇好墓》,文物出版社1980年版。

中国社会科学院考古研究所:《殷墟发掘报告(1958—1961)》,文物出版社1987年版。

四川省文物考古研究所:《三星堆祭祀坑》,文物出版社1999年版。

河北省文物研究所:《藁城台西商代遗址》,文物出版社1985年版。

江西省文物考古研究所、江西省博物馆、新干县博物馆:《新干商代大墓》,文物出版社1997年版。

附录一：商王世系

《史记·殷本纪》商王世系

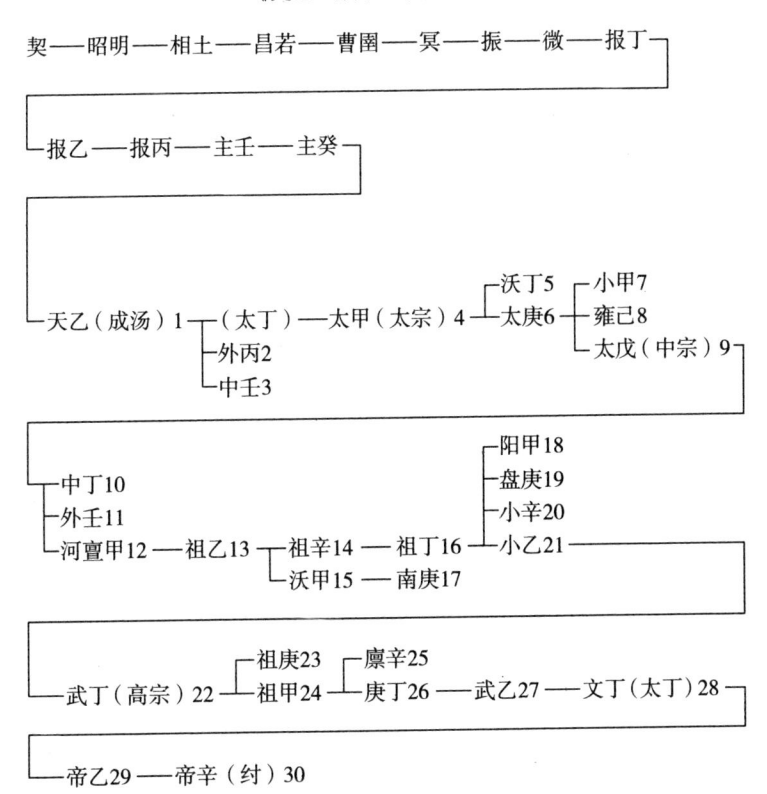

契——昭明——相土——昌若——曹圉——冥——振——微——报丁——

报乙——报丙——主壬——主癸——

天乙（成汤）1——（太丁）——太甲（太宗）4——沃丁5　小甲7
　　　　　　　外丙2　　　　　　　　　　　　太庚6　雍己8
　　　　　　　中壬3　　　　　　　　　　　　　　　　太戊（中宗）9——

　　　　　　　　　　　　　　　　阳甲18
　　　　　　　　　　　　　　　　盘庚19
中丁10　　　　　　　　　　　　　小辛20
外壬11
河亶甲12——祖乙13——祖辛14——祖丁16——小乙21——
　　　　　　　　　　沃甲15　　南庚17

　　　　　　　祖庚23　廪辛25
武丁（高宗）22——祖甲24——庚丁26——武乙27——文丁（太丁）28——

帝乙29——帝辛（纣）30

殷墟卜辞所见商王世系

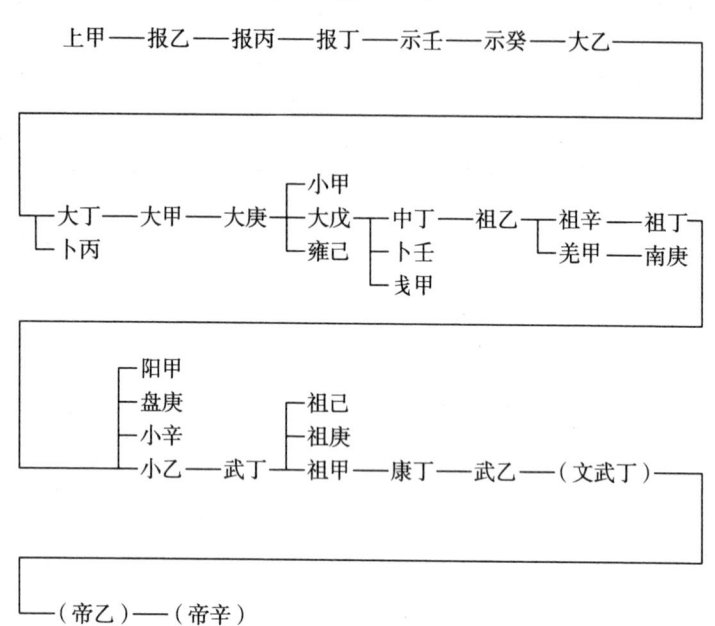

上甲——报乙——报丙——报丁——示壬——示癸——大乙——

大丁——大甲——大庚┬小甲
卜丙　　　　　　　├大戊——中丁——祖乙——祖辛——祖丁
　　　　　　　　　└雍己　　├卜壬　　　　　├羌甲——南庚
　　　　　　　　　　　　　└戋甲

┬阳甲
├盘庚
├小辛
└小乙——武丁┬祖己
　　　　　　├祖庚
　　　　　　└祖甲——康丁——武乙——（文武丁）——

（帝乙）——（帝辛）

附录二：常用甲骨文文献简称

《合集》	《甲骨文合集》
《屯南》	《小屯南地甲骨》
《英藏》	《英国所藏甲骨集》
《花东》	《殷墟花园庄东地甲骨》
《怀特》	《怀特氏等收藏甲骨文集》
《周原》	《周原甲骨文》
《合补》	《甲骨文合集补编》
《续存》	《甲骨文续存》
《合集释文》	《甲骨文合集释文》
《花东释文》	《殷墟花园庄东地甲骨释文》
《类纂》	《殷墟甲骨刻辞类纂》
《摹释总集》	《殷墟甲骨刻辞摹释总集》
《甲》	《殷墟文字甲编》
《乙》	《殷墟文字乙编》
《丙》	《殷墟文字丙编》
《前》	《殷墟书契前编》

《后》	《殷墟书契后编》
《粹》	《殷契粹编》
《佚存》	《殷契佚存》
《人文》	《京都大学人文科学研究所藏甲骨文字》
《天理》	《天理大学附属天理参考馆藏甲骨文字》
《东京》	《东京大学东洋文化研究所藏甲骨文字》
《林》	《龟甲兽骨文字》
《金》	《金璋所藏甲骨卜辞》
《京津》	《战后京津新获甲骨集》
《库》	《库方二氏藏甲骨卜辞》
《宁》	《战后宁沪新获甲骨集》
《续》	《殷虚书契续编》
《通》	《卜辞通纂》
《铁》	《铁云藏龟》
《拾》	《铁云藏龟拾遗》
《掇》	《殷契拾掇》
《集成》	《殷周金文集成》
《近出》	《近出殷周金文集录》
《近出二编》	《近出殷周金文集录二编》
《铭文选》	《商周青铜器铭文选》
《新收》	《新收殷周青铜器铭文暨器影汇编》

《三代》　　　《三代吉金文存》
《遗珠》　　　《欧洲所藏中国青铜器遗珠》
《汇编》　　　《中日欧美澳纽所见所拓所摹金文汇编》
《集成释文》　《殷周金文集成释文》

后 记

商代是中国历史上较早的一个朝代，也是中国文化的重要源头。最近若干年，学者们对于商史的研究取得了不小的进步。然而，由于生动故事的缺失和材料的晦涩难懂，普通读者对其知之甚少。正因为此，写一本通俗的著作来介绍最新的研究进展就显得尤为必要。这本书的写作正是实现这一目标的尝试。

对于本书每个章节话题的选择，我坚持了几条准则：一是"言之有物"，二是证据比较充分，三是比较有趣味。在写作本书的过程中，我参考了很多学者的论文和专著；我在有些地方注明了出处，然而有些地方由于体例的关系，没有注出，恳请专家时贤谅解。在一些章节里，我还对一些问题提出了自己的看法，希望能给读者和相关研究者提供参考。

能够参与《细讲中国历史丛书》的写作，我感到非常荣幸。在此，我要感谢主编郭志坤先生给我提供了这样的机会。笔者由于工作和家庭的事务，使得交稿时间一拖再拖，正是有了郭先生的体谅、鼓励和督促，我才坚持写完了这本书。

由于水平有限，文中的疏漏肯定不少，敬请广大读者批评指正！

王进锋

2013年12月24日

重版后记

《细讲中国历史丛书》（12册）于2015年由上海人民出版社出版，并于当年12月入选国家新闻出版广电总局首届"向全国推荐中华优秀传统文化普及图书"名单，2016年2月获第十四届上海图书奖一等奖。2017年6月由香港中华书局出版繁体字版本，在港台地区发行。2019年7月以来，"丛书"12册音频先后在喜马拉雅"文柏讲堂"上线，迄今已有近一亿人次的收听。这对于孜孜以求中华历史普及工作的我们，当是极大的嘉勉。遵照读者的反馈意见，"丛书"的作者对每一册书都做了精心修改。承蒙天地出版社垂爱，将丛书名改为《简明中国通史》，予以重新排印出版。在疫情防控期间，作者、编者研精毕智、一丝不苟的精神令人感佩，专此后记，谨以致谢，并告慰2019年病故的我们敬爱的主编之一李学勤先生。

郭志坤
2023年3月于上海

从古希腊文学,分享人类智慧

天喜文化